NO TE HAGAS DAÑO
A TI MISMO

.

NUEVA ALIANZA MINOR

2

ANSELM GRÜN

NO TE HAGAS DAÑO A TI MISMO

A TI MISMO

OCTAVA EDICIÓN

EDICIONES SÍGUEME
SALAMANCA
2026

Tradujo José María Hernández
sobre el original alemán *Tu dir doch nicht selber weh*

Cubierta: imagen digital realizada por C. H. Martín
    para Ediciones Sígueme

© Matthias Grünewald Verlag, Mainz 1997
© Ediciones Sígueme S.A.U., 2001
    C/ García Tejado, 23-27 - E-37007 Salamanca / España
    Tlf.: (+34) 923 218 203 - ediciones@sigueme.es
    www.sigueme.es

ISBN: 978-84-301-2285-1
Depósito legal: S. 402-2016
Impreso en España / Unión Europea
Imprenta Kadmos, Salamanca

CONTENIDO

II
CONFIGURACIÓN BÍBLICA
DE LA LIBERTAD

INTRODUCCIÓN

La libertad interior del hombre

Al reflexionar sobre la libertad humana, las palabras bíblicas acerca de la libertad con que Cristo nos ha liberado resuenan en mí de forma radicalmente nueva (Gal 5, 1).

El tema de la libertad era central en la filosofía griega. El concepto de la existencia se caracterizaba por su sentido de la libertad humana. Y cuando el Nuevo Testamento habla de la libertad para la que Cristo nos ha liberado, sintoniza con el anhelo griego de libertad. No en vano, los autores neotestamentarios toman ideas sobre la libertad de la filosofía griega.

Al estudiar la filosofía estoica me encontré con esta frase de Epicteto: «Nadie puede ser herido sino por sí mismo». Y para mi asombro he visto que los Padres de la Iglesia la citan repetidas veces. Así, Juan Crisóstomo escribió una obra titulada *Nadie puede herir a quien no se hiere a sí mismo* (*Quod qui seipsum non laedit, nemo laedere possit*, PG 52, 459-480). Cuando la leí, me maravillé de la forma en que este Padre de la Iglesia maneja la Biblia y de los pasajes que cita para apoyar su tesis, tomada de Epicteto.

9

EL PROVOCADOR ESCRITO DE JUAN CRISÓSTOMO

El texto del obispo de Constantinopla, escrito allá por el año 400, me fascinó hasta el punto de traducir para mí sus pensamientos principales. Y últimamente, tanto en mi tarea de acompañamiento espiritual como en mi trabajo con grupos, menciono cada vez con más frecuencia esta provocadora frase.

Con eco dispar, por cierto. Al principio suscitaba en muchos el rechazo, pues pensar esto parecía simplista, dado que hay demasiado sufrimiento que nos viene de fuera y que no podemos evitar. Otros pensaban que lo que hacía era echarles a ellos la culpa de lo mal que les iba. Pero cuando superaban el enfado, no pocos intuían que algo de verdad había en la frase. Porque cuando uno mira las propias heridas, no tiene más remedio que admitir que parte de ellas se debe a uno mismo. Una mujer decía que con sus experiencias podría escribir una novela que ilustrara este libro. El estribillo de su vida no era otro que ése.

Siempre resulta peligroso dar a una frase un valor absoluto. Por ello, no pretendo demostrar que la provocadora frase de Crisóstomo tenga un valor general.

De niños, no podemos impedir que se nos hiera. No tenemos capacidad para defendernos y evitar las heridas. Pero tanto si hurgo una y otra vez en las viejas heridas sin dejar de enconarlas, como si me reconcilio con ellas y las olvido, siempre es asunto mío, yo soy el responsable. Naturalmente, cada persona tarda más o menos tiempo en cerrar sus viejas heridas.

En la terapia a menudo es necesario mirar de nuevo conscientemente las viejas heridas y volver a experimentar aquel dolor que entonces sentí y enseguida reprimí. Sólo entonces puedo superar ese dolor.

Pero hoy día se tiende también a cultivar las heridas. El filósofo francés Pascal Bruckner ha descrito esto magníficamente en su polémico libro *Sufro, luego existo*. En él habla de la victimación, o sea, de la inclinación a sentirse víctima.

Contra esta inclinación tan extendida en nuestros días de «ocupar el lugar más codiciado: el lugar de la víctima» (Bruckner, 145), formula Crisóstomo la tesis radicalmente opuesta «nadie es víctima de nadie, sino que uno sufre la suerte que él mismo se impone». Cuando leemos en Bruckner cuánto puede prosperar la ideología victimista, entonces vemos que la tesis del obispo del siglo IV tiene también capacidad crítica para nuestro tiempo.

Por ejemplo, si una mujer, que actualmente sufre cáncer de pulmón por haber fumado demasiado, denuncia a las empresas tabaqueras por no informar sobre los peligros del tabaco y gana el juicio; si a otra mujer, que metió a su perro en el microondas para secarlo, le dan la razón en el proceso contra la empresa fabricante del microondas, se ve entonces a dónde puede llevar la ideología victimista.

Sentirse víctima significa en todo caso lo mismo: declararse siempre libre de culpa, echarles sistemáticamente la culpa a los demás. Contra esta ideología victimista vale la pena al menos tener en cuenta la frase de Crisóstomo, aun cuando a partir de ella no podamos formular ninguna contraideología. Pues con las ideologías no se ayuda en realidad a los hombres. Es mucho mejor tomar en serio a cada uno en su historia concreta y ayudarle, siendo lo más creativos posible frente a su vida y sus sufrimientos.

Un estudio detenido de la tesis estoica de que somos siempre nosotros los que nos herimos, puede al menos poner en tela de juicio la ideología del sufrimiento, según la cual uno tiene que sentirse siempre mal y todo ha de estar siempre mal, y con ello nos obliga a preguntarnos sobre nuestro planteamiento.

Evidentemente, esta tesis no puede llevarnos a negar el sufrimiento real o a restarle importancia. El respeto ante el sufrimiento humano es característico de la actitud cristiana.

En esta tesis es decisivo para mí que Crisóstomo, y en general los Padres de la Iglesia, haya entendido también el camino espiritual como un camino terapéutico, una vía para afrontar con madurez las propias heridas y la historia de la propia vida. La meta del camino espiritual es salvar y liberar al hombre. Cristo es el hombre libre que no depende en absoluto del sufrimiento que le viene de fuera, que tampoco depende del mundo, sino que únicamente depende de Dios.

El que lleva la huella de Dios, el que ha nacido de Dios, ese es libre de verdad. Tal es el mensaje esencial de la Biblia, y también la experiencia clave de los primeros cristianos. Pues bien, justamente hacia la experiencia de la libertad interior se orienta este libro.

EL CAMINO MÍSTICO COMO CAMINO DE LIBERTAD

Para la Iglesia primitiva, el camino de la experiencia creciente de Dios es también el camino de una libertad cada vez mayor. Para mí, el camino místico es el camino auténtico que conduce a la libertad. Por eso, voy a describir en estas páginas algunos aspectos del camino místico a la luz del Nuevo Testamento.

En el camino místico es donde, por primera vez, hallamos nuestra verdad. Y sólo nuestra verdad nos hará libres. En él nos damos cuenta de los modelos de vida a los que nos mantenemos aferrados, de los ilusorios puntos de vista que nos desfiguran la realidad y con los que nos herimos. A medida que nos acercamos a Dios, más claramente vemos nuestra verdad. Y a medida que nos unimos a Dios, más libres somos.

Todos buscamos la libertad. Pero la verdadera libertad no consiste en liberarnos de un dominio exterior. La verdadera libertad es la libertad interior: frente al poder del mundo, frente al poder de los demás y frente a las presiones internas y externas.

Y como creo que el camino místico lleva a esta libertad, quiero interpretar tres pasajes de los escritos tardíos del Nuevo Testamento que, a mi juicio, describen este camino místico. Pasajes tomados de la Carta a Tito y de las Cartas de Pedro.

Para algunos exegetas, estos escritos tardíos ya no representan el mensaje peculiar de la Biblia, por considerar que mitigan la radicalidad del mensaje de Pablo, clave interpretativa del Nuevo Testamento.

Pero en los últimos años veo cada vez más claro lo importantes que son estos escritos para el diálogo con otras religiones y con otros caminos espirituales. Pues esos escritos intentaron traducir el mensaje de Jesús al mundo espiritual helenístico. El mundo helenístico estaba impregnado por la filosofía griega, por la gnosis –un movimiento muy extendido que buscaba la iluminación– y por el culto a los misterios, que asumieron los elementos orientales de la piedad. Así, estos escritos tardíos pudieron señalarnos un camino para formular de nuevo hoy el mensaje de Jesús justamente en diálogo con la espiritualidad oriental.

PSICOLOGÍA TRANSPERSONAL Y MÍSTICA

La filosofía transpersonal se ha centrado en las experiencias místicas de los métodos orientales de meditación y de la mística cristiana. Y ha descubierto ahí un camino terapéutico. Pretendo aquí desarrollar el mensaje cristiano de la libertad, tal como lo presentan Juan Crisóstomo y los pasajes bíblicos ya citados, en diálogo con la psicología transpersonal.

Y todo esto porque la libertad es un aspecto esencial del mensaje cristiano y porque todo auténtico camino espiritual conduce en definitiva a la libertad interior. Pues la experiencia de Dios y la experiencia de la libertad interior son sustancialmente lo mismo.

I

NADIE ES HERIDO
SINO POR SÍ MISMO

1

EL FILÓSOFO ESTOICO
EPICTETO

Epicteto nació en Hierápolis en torno al año 50 d.C. De niño fue hecho esclavo y llevado a Roma, donde estuvo al servicio de Epafrodito, un liberto de Nerón que lo trató de forma inhumana, hasta el punto de dejarle cojo.

Con él aprendió Epicteto que quien ha sido herido por otro, después a su vez herirá a otros. Como esclavo que había sido, Epafrodito habría podido compadecerse de la suerte de Epicteto. Pero sucedió justo lo contrario, pues al no haber asimilado sus heridas, las transmitió.

He aquí una ley fundamental que la psicología actual describe una y otra vez: las heridas no asimiladas nos condenan a herirnos a nosotros mismos o a los demás. Si no herimos a los demás, nos herimos a nosotros mismos autocastigándonos, minusvalorándonos, o incluso lesionándonos físicamente.

Algunas enfermedades dan la impresión de ser una especie de autocastigo, donde el rechazo que se experimentó de niño se transforma en ellas en rechazo y odio a uno mismo. O puede que inconscientemente busquemos situaciones en las que se repitan las heridas de la niñez.

Caemos siempre en manos de jefes caprichosos e irascibles que nos hieren lo mismo que un padre autoritario, que bebía demasiado y que podía darnos sin motivo una paliza brutal, y contra el que no podíamos hacer absolutamente nada. O nos encontramos con un compañero o una compañera que repiten con nosotros las mismas heridas que nos causó nuestro padre o nuestra madre.

EL CAMINO HACIA LA LIBERTAD INTERIOR

Epicteto asimiló sus heridas. En efecto, toda su filosofía se mueve en torno a la pregunta de cómo el hombre puede ser libre frente a las heridas que le causan los demás. Él reconocía que el hombre sólo puede ser libre si quiere serlo. Esa libertad se manifiesta sobre todo en que nadie puede herirnos si nosotros no queremos. Otro hombre únicamente está en condiciones de herirnos si nosotros nos herimos o nos hacemos daño.

Esta tesis es en Epicteto absolutamente reiterativa. Es la expresión de la libertad interior que corresponde esencialmente al hombre. El hombre es interiormente libre. Si deja que los demás le hieran, entonces él es el culpable. Pues si el hombre es plenamente él mismo, si descansa sobre su eje, nadie podrá herirle, nadie tendrá poder sobre él.

Una y otra vez aparece en Epicteto la frase fundamental: «Nadie puede hacer mal a nadie, sino que cada uno es el que con sus obras se hace mal o no».

La libertad interior aparece también en la frase conclusiva de su manual, que toma de Sócrates: «Por lo que a mí respecta, Anitos y Melitos pueden matarme, pero no pueden hacerme daño alguno».

El filósofo estoico distingue las cosas que dependen de nosostros, que nos pertenecen y están en nosotros mismos, y aquello que no está en nuestra mano.

Para Epicteto, la ascesis consiste en «impedir que las cosas externas… penetren en el lugar sagrado del verdadero yo. Por eso, lo primero que el hombre ha de hacer es descubrir y delimitar mediante el 'conócete a ti mismo' su verdadero ser, su *autós*».

Para Epicteto, el camino hacia este yo interior lleva en primer lugar a revisar las ideas que tenemos acerca de las cosas. Un paso importante hacia la libertad interior consiste en conseguir unas ideas exactas (*dogmata*) sobre la realidad, que a menudo son distintas de las ideas que guían nuestras acciones y las falsean, y también de las ideas que vigen a nuestro alrededor.

Escribe: «Los hombres no quedan confundidos por lo que sucede, sino por las ideas que se hacen de lo que sucede». Lo temible no es la muerte en sí, sino la idea que nos hacemos de la muerte. No es el vaso roto lo que nos hiere, lo que nos hiere de verdad es que lo consideremos indispensable, que dependamos de él con todo el corazón, que vinculemos a él nuestra identidad. No nos hiere que perdamos una cantidad de dinero, lo que nos hiere de verdad es la idea que nos hemos hecho del dinero, la idea de que lo necesitamos absolutamente, que no podemos vivir sin él.

Si el hombre tiene la idea correcta, sólo Dios le llevará a la compasión; nunca la materia.

Por eso es tan importante para Epicteto el concepto de *prohairesis*. Literalmente significa la preferencia, la elección, la voluntad libre, la tesis (dogma). Designa «la aptitud básica y esencial que capacita a la naturaleza humana para obrar moralmente. Comprueba las ideas del entendimiento o los *dogmata*; decide sobre la conducta ante la idea de la fantasía…, representa el núcleo de la personalidad moral».

También se podría definir la *prohairesis* como el verdadero yo, como el núcleo más íntimo de la persona, o como la conciencia, la instancia más profunda, que todo lo juzga. Quien se deja guiar por su auténtico yo, «no anhela nada que no esté en su poder y no teme nada». Ha convertido «su yo en una fortaleza inaccesible e inexpugnable donde reina la libertad, la *ataraxia* (imperturbabilidad), la *apatheia* (impasibilidad), la *eustatheia* (firmeza, estabilidad), la *euroia* (felicidad; literalmente, el rico fluir), en una palabra, la felicidad del alma. Con la conquista de su yo, igual que con el conocimiento, será semejante a Dios».

Se descubre aquí una concepción similar a la de Carl G. Jung. Para Jung, el hombre sólo logra ser él mismo cuando admite en él la imagen de Dios. En lo más profundo del hombre habita Dios. Y cuando Dios habita en el hombre, éste alcanza su verdadero yo.

El segundo paso de esta ascesis consiste en que el hombre mantenga a raya las ideas que encuentra en sí mismo y domine las reacciones que esas ideas suscitan en su alma.

Epicteto explica que se dan tres tipos de reacciones a las ideas: la *orexis* (la exigencia, la ambición), la *horme* (el movimiento impetuoso, la concupiscencia) y la *sygkatathesis* (el consentimiento).

El hombre puede dirigir más conscientemente sus reacciones hacia las cosas, si en todo se pregunta qué relación tiene eso con el hombre interior. Para ello le puede servir la pregunta: *Ti pros eme*, es decir, ¿me importa algo esto?, ¿qué me dice todo esto?, ¿qué tiene esto que ver conmigo?

Con esta concepción de la ascesis, Epicteto muestra al hombre un camino para liberarse del poder de las cosas externas y para experimentar la libertad interior como parte esencial de la dignidad humana.

La conducta para con Dios

La experiencia de la libertad interior determina la conducta entre el hombre y Dios. El hombre precisa de tres virtudes para esta relación: la limpieza o pureza (*katharotes*), la confianza (*pistis*) y sobre todo el pudor (*aidos*).

Para la relación con los demás, lo primero que tiene que hacer el hombre es descubrir y desarrollar su propia individualidad: «Pues ¿es que por su lugar en el teatro de este mundo cada uno no tiene otro pa-

21

pel que desempeñar u otra tarea que realizan en la nave de la vida?». Cada hombre es único y tiene que encontrar su sitio (*taxis*). Tiene que saber cuál es el lugar que Dios le ha asignado en el teatro.

Epicteto habla de la llamada de Dios, que el hombre tiene que obedecer. Esta llamada incluso puede pedir al hombre que no se case por causa de una misión más alta: «En la situación actual…, como en el campo de batalla, nada, por pequeño que sea, puede apartar al cínico de estos servicios. Puede tratar con los demás hombres, pero sin que ni los deberes habituales ni las relaciones humanas… le estorben para seguir siendo heraldo de Dios».

Epicteto insiste en que la vocación esencial es la preocupación por los hombres. Y la razón de esta solicitud de unos por otros no es otra que el origen divino de todos nosotros. Nadie, ni siquiera el esclavo, puede ser excluido de esta preocupación. Así dice: «¿Es que no quieres soportar a tu hermano, que tiene por padre a Zeus, que como un hijo ha nacido de la misma semilla que tú y tiene tu mismo origen divino?».

Para una vida auténtica, la relación con Dios es decisiva. Los escritos de Epicteto dejan bien patente que el filósofo mantiene una relación personal con Dios y que su piedad está próxima a la mística cristiana, pues dice sin cesar que Dios está en nosotros: «Tú eres un fragmento de Dios. Tienes en ti una parte de este Dios… ¿no quieres tener presente quién eres tú cuando comes, tú, pues comes y te alimentas?… Tú llevas a Dios en ti, desgraciado, pero no lo sabes.

¿Acaso crees que estoy hablando de un Dios exterior de oro y plata? Tú llevas a Dios en ti y no te das cuenta de que lo ensucias con tus pensamientos impuros y tus acciones impuras. Ante una imagen de Dios no te atreverías en verdad a hacer ni una sola acción de las que haces. Y sin embargo no se te cae la cara de vergüenza de pensarlas y realizarlas ante el mismo Dios, que está en ti y ve y oye todo, tú, hombre, que no eres consciente de tu propia naturaleza». Puesto que llevamos a Dios en nosotros, debemos hacer todo lo posible por estar de acuerdo con ese Dios que habita en nosotros. El acuerdo rige la naturaleza. La vida conforme a la naturaleza le conviene al hombre.

Pero el acuerdo tiene como meta, en definitiva, la voluntad de Dios y significa que siempre hemos de querer lo que Dios quiere de nosotros.

«Como Dios quiere» es una frecuente solución de Epicteto. Este acuerdo con la voluntad de Dios hace al hombre libre y le confiere su dignidad: «Soy libre y soy amigo de Dios, y le obedezco espontáneamente. No puedo anhelar ninguna otra cosa, ni cuerpo, ni fortuna, ni poder, ni reconocimiento, nada, absolutamente nada. Porque él no quiere que ambicione estas cosas». Y dice en otro lugar: «Levanta por fin tu cabeza, como un hombre que ha sido liberado de la esclavitud; atrévete a levantar tu mirada a Dios y a decirle: a partir de ahora haz de mí lo que quieras. Mis pensamientos te pertenecen. Yo te pertenezco. No rechazo nada de lo que a ti te parece bien. Llévame a donde tú quieras. Vísteme con los vestidos que a ti te gusten».

EL HOMBRE COMO TESTIGO DE DIOS

Estas palabras tan incondicionales a Dios explican por qué, al interpretar la Biblia, los Padres de la Iglesia se remiten una y otra vez a los pensamientos de Epicteto. Como cristianos, no querían quedarse por detrás de estos pensamientos de apertura del hombre a Dios y a la voluntad divina. La vocación del hombre es ser testigo de Dios en este mundo, mensajero y apóstol, «que con su conducta da testimonio de la existencia, de la justicia y de la bondad de Dios». La actitud básica del hombre ante la bondad de Dios es la gratitud.

En consecuencia, Epicteto da gracias a Dios por todo: «Tendríamos que cantar la loa, la alabanza a Dios al cavar, al arar, al comer: Dios es grande, porque nos ha dado los instrumentos que nos permiten cultivar la tierra; Dios es grande, porque nos ha dado manos, garganta y vientre...; en todo momento tendríais que cantar esto, tendríais que entonar el himno más festivo y divino por la capacidad que Dios os ha regalado de comprender las cosas y de utilizarlas metódicamente».

La gratitud se manifiesta sobre todo en la actitud de Epicteto ante la muerte. El hombre es esencialmente alguien que se prepara para un viaje. Pero no puede elegir por sí mismo cuánto va a durar su estancia en la posada. En el momento de la muerte, Epicteto quiere decirle a Dios: «Te doy gracias porque me has engendrado y te doy gracias también por todo lo

24

que me has dado. Me basta con el tiempo de que he dispuesto para disfrutar de tus bienes».

Y en otro lugar: «Estoy preparado... Ahora quieres que yo deje la gran fiesta (*panegyris*); bien, pues la dejo. Te doy gracias sin reservas porque me has permitido participar contigo en la gran fiesta (*sympanegyrisai soi*), porque me has permitido ver tus obras y me has dejado incorporarme a tu orden». Estas palabras rezuman un gran amor a Dios. Dios no es el destino impersonal de la Stoa, sino un Dios personal al que Epicteto ora, por el que suspira, y al que da gracias por todo lo que permite experimentar.

Epicteto murió entre los años 125 y 130 d.C. No dejó ningún escrito. Pero su discípulo Arrianos escribió sus conversaciones (*Diatribas*) en cuatro libros.

Epicteto ejerció un gran influjo en los primeros Padres de la Iglesia. Justino, Clemente de Alejandría, Basilio y Juan Crisóstomo lo citan y tratan de conciliar sus pensamientos con el mensaje de la Biblia. Descubren en la Biblia sugerencias similares, como liberarse interiormente del poder de los otros, del poder del mundo. Para ellos, Cristo es el auténtico liberador. Él nos da la libertad en torno a la cual gira la filosofía estoica.

La situación de los primeros cristianos se caracterizaba por la falta de libertad que les venía de fuera. Los cristianos fueron muy a menudo rechazados por su entorno, porque no participaban de la corriente de su tiempo. Y por eso fueron perseguidos. En esas circunstancias, les dio mucho ánimo la idea de que en

Cristo eran hijos e hijas libres de Dios, que pertenecían a Dios y no a los poderosos de este mundo. Esto les dio confianza para vivir interiormente libres a pesar de la opresión externa. En la fe, sabían que habían sido sacados de este mundo e introducidos en el mundo de Dios, en el que vivían su verdadera dignidad de cristianos.

Epicteto y la psicología transpersonal

Llama la atención cómo Epicteto fue un auténtico precursor de muchas de las ideas de la psicología transpersonal. Por ejemplo, él habla del verdadero yo, al que las cosas no pueden llegar. La psicología transpersonal hablaría aquí del yo espiritual, de la patria interior, a la que los problemas del mundo no tienen acceso alguno. Para la psicología transpersonal, el camino hacia este yo interior pasa por el camino de la desidentificación. Observo cómo surgen en mí mis sentimientos y los percibo. Pero entonces me retiro a mi yo y me digo: «Percibo mi enfado, pero no soy mi enfado». Así, abro en mí una zona que no se ve afectada por el enfado. Esta zona interior es el observador inobservado, el testigo interno, el que percibe los sentimientos pero no se identifica con ellos ni es afectado por ellos.

Para Epicteto, el camino hacia este yo interior pasa por la siguiente pregunta: «¿Qué tiene esto que ver conmigo?, ¿me afecta en lo más profundo?». La diferencia de las cosas que están y no están en mi poder deben llevarme a la esfera íntima del verdadero yo, sobre el que las cosas no tienen ningún poder. Lo que no está en mi poder como la fortuna, la salud, el reconocimiento, no adquiere ningún poder sobre mí si yo no se lo doy. Ahora bien, que yo le dé o no poder a las cosas, depende de las ideas que yo me hago de ellas.

EPICTETO Y LA TEORÍA DE LA COMUNICACIÓN

Así pues, Epicteto se adelanta al conocimiento de la moderna psicología de que las ideas sobre las cosas determinan nuestra experiencia vital. Jamás vemos objetivamente la realidad. Siempre la vemos a través de un determinado filtro. Incluso muchas veces proyectamos en las cosas nuestras expectativas inconscientes o nuestros miedos. Por eso vemos a menudo a las personas de nuestro alrededor a través del filtro de nuestra proyección. Proyectamos nuestras faltas sobre ellas y de esta manera interpretamos equivocadamente su conducta.

Paul Watzlawick ha contado todo esto con gran sentido del humor poniendo el ejemplo del hacha. Un hombre no encuentra su hacha. Y entonces sospecha que se la ha robado el vecino. Desde ese momento lo mira día tras día a través del filtro de esta sospecha. Poco a poco se va apoderando de él el convencimiento de que tiene como vecino a un ladrón de hachas. Y en la conducta de su vecino percibe muchas confirmaciones de su sospecha. Finalmente, un día se llega a la casa de su vecino, llama a su puerta y, cuando este le abre, le grita: «¡Anda, quédate con tu maldita hacha!» (Watzlawick, 1985).

Watzlawick ha investigado en numerosos libros cómo nuestras ideas generan muy a menudo la realidad. No sólo vemos la realidad del color del cristal de nuestras proyecciones, sino que la creamos según la forma como la miramos. Así nos habla del rumor que el año 1969 corrió en Orleans y del que se ocupó toda la prensa de Francia. El rumor decía que algunas mujeres habían sido violadas, drogadas y arrastradas por unos pasillos subterráneos en las cabinas de prueba de algunas tiendas de moda. Habían desaparecido ya veintiocho muchachas. El rumor tenía un tufillo antisemita. Cuando pasó el rumor, se vio que carecía por completo de fundamento.

«Pero el rumor de Orleans demuestra una vez más que para que surja una determinada interpretación de la realidad no siempre… hacen falta hechos, sino que una superstición bien arraigada puede generar sus propias 'pruebas reales', sobre todo si es compartida por mucha gente» (Watzlawick, 1976, 87). Los rumores generan una realidad que luego es imposible eliminar. Pues siempre queda algo. Cuando se corre por ahí que un cura tiene algún hijo, ya jamás se le volverá a mirar igual que antes, aunque el rumor no tenga el más mínimo fundamento.

Mucha gente sigue esas ilusiones y esos rumores. Lo que ellos tienen por realidad son tan sólo las ideas que han recibido de los demás o las que ellos han cultivado en sí mismos tras haber brotado de su inconsciente. En ocasiones nos formamos una idea sobre determinada persona y jamás caemos en la cuenta de que esa persona no tiene absolutamente nada que ver con ella. Vemos a los demás según la idea que nos hacemos de ellos. Cuando ponemos a alguien por las nubes, nos parece que todo lo que hace, por descabellado que sea, es encantador, único, especial. Pero cuando lo vemos a través del cristal de nuestro enfado o de nuestra decepción, entonces nos parece un tipo aburrido, repelente, débil, intrigante, hipócrita y no sé cuántas cosas más.

Así, para vivir correctamente en este mundo, es importante que revisemos nuestras ideas (*dogmata*) y proyecciones, y que nos representemos las cosas y las personas a la luz de Dios. Pues sólo así les haremos justicia. Y sólo entonces podremos comportarnos con ellas de un modo realmente libre. Ya no volveremos a considerar mal a las cosas. Pues las cosas jamás son enemigas nuestras. Sin embargo, con frecuencia interpretamos de esta forma su conducta. Así, alguien que padece manía persecutoria cree que toda la gente se ha conjurado contra él, aunque en realidad no le presten la más mínima atención.

Pascal Bruckner ha aportado numerosos ejemplos de estas teorías de la conjuración con las que muchas personas hoy en día crean su propia realidad. Porque, en el fondo, no quieren ajustarse a la realidad. Porque prefieren permanecer enrocadas en su ideología victimista.

LIBERTAD Y CONCIENCIA DEL LÍMITE

La libertad consiste sobre todo en que no traspasemos nuestras fronteras, sino que distingamos con claridad entre lo que es el otro y lo que somos nosotros. Esta libertad es la que Jesús vivió en el pasaje de Mc 3, 1-6. Jesús no permite que sus enemigos los fariseos le aparten de su acción salvadora y liberadora. Pone en medio al hombre de la mano seca y provoca a los fariseos con su pregunta: «¿Qué está permitido en sábado: hacer el bien o el mal; salvar una vida o destruirla?» (Mc 3, 4). Los fariseos tenían que dar su punto de vista. Y mientras formulan su percepción de las cosas, se ve con claridad que sus ideas sobre Dios y el hombre son falsas y dañinas. También Jesús cree que esas ideas matan al hombre.

Si concibo al hombre como esclavo de la ley, si considero a la ley como algo absoluto, lo que en definitiva hago está mal, lo que hago es matar al hombre, no le doy ninguna oportunidad de vivir.

Pero los fariseos se callan. No se atreven a formular con palabras su concepción inhumana. Pues si lo hicieran, se traicionarían. Con su silencio pretenden confundir a Jesús. Pero Jesús actúa de forma señorial. No permite que ese silencio le obligue a tener que justificarse. A cada uno de los fariseos que están en el grupo, lo mira «con indignación y apenado por su dureza de corazón». La indignación crea una distancia frente a los otros, que permite a Jesús actuar libremente. En la indignación se distingue a los otros: «Tú estás ahí con tu problema, con tu dureza de corazón, con tu rigidez, con tu miedo, con tu cortedad de miras. Y yo estoy aquí y siento que Dios me manda que cure a este hombre». Jesús puede actuar libremente porque tiene claro dónde están las fronteras entre él y los fariseos, porque él no comparte su problema.

Pero también es propio de esta libertad distinguir entre el hombre y el problema de ese hombre. Él no comparte en absoluto la dureza de los fariseos. Pero los ve como hombres. Esto se manifiesta en el sentimiento de tristeza, que en griego se dice *syllypoumenos* (con-sentir, com-padecer). Jesús no rompe el vínculo con esos hombres. Siente con ellos. Le duele que esos hombres estén tan dominados por su dureza de corazón, que no sean libres, que no sean ellos mismos. El señorío con que Jesús actúa aquí muestra su libertad interior. No da a los hombres ningún poder sobre él, ni siquiera a los que en definitiva quieren matarle (Mc 3, 6).

La enseñanza de Epicteto y su continuación en los Padres de la Iglesia nos afecta hoy a nosotros tanto como a los hombres de entonces. También hoy aspiramos a ser libres por dentro. ¿Cómo podremos conservar nuestra dignidad incluso en circunstancias adversas?, ¿somos absolutamente lacayos del destino, de lo que nos viene de fuera, o depende en gran parte de nosotros el modo de vivir interiormente y de comportarnos ante lo que nos sucede?, ¿cómo puedo ser interiormente libre en una sociedad que sólo me mide por lo que rindo?, ¿he de alejarme de esa sociedad o puedo sentirme también interiormente libre en mi profesión, al margen de los listones con los que me miden los otros?

Oigo quejarse a mucha gente de que en esta sociedad del rendimiento no pueden vivir como les gustaría. Pero si les pregunto en profundidad, queda perfectamente claro que han asumido los patrones de la sociedad. Quisieran ser libres, pero también les gustaría progresar, ganar más dinero y granjearse el reconocimiento de los demás. Naturalmente, no pueden pretender para ellos cualquier libertad. Pues si un padre tiene que preocuparse por sus hijos, necesita el sueldo que le paga la fábrica donde trabaja. Y además es importante no perder la paz interior por problemas de dinero.

Sólo conseguimos la libertad cuando son correctas nuestras ideas sobre la vida. Si no me preocupa hasta dónde puedo subir en mi carrera o cuánto voy a ganar, soy interiormente libre. Puedo oponerme a las estructuras injustas que hay en mi lugar de trabajo. Puedo incluso arriesgarme a nadar contra corriente. No me defino por la reacción del jefe ni por lo que digan los demás, sino a partir de Dios. Si yo me veo fundado en Dios, entonces soy libre y no tengo que estar siempre pendiente de lo que los demás piensan de mí o de si les caigo bien o no.

Claro que debo ser siempre prudente y tener siempre muy claro cuáles son mis límites. No puedo creerme un superhéroe cualquiera que se enfrenta a todo el mundo. Tengo que saber muy bien hasta dónde puedo confiar en mi libertad, hasta dónde creo que en Dios está mi fundamento. Pero lo normal es que a quien no tropieza con el tema de la libertad, a la larga le vaya también mejor en el mundo exterior. Pues hallará más estima en el hombre libre que el que se acomoda a todo. El que le lleva con razón la contraria a su jefe, será estimado por él. Pero si su jefe no se lo aguanta y lo despide por haberle criticado honradamente, entonces es que su jefe no merece que siga a su servicio, que demuestre su falta de libertad. Pues en la libertad es donde experimento sobre todo mi dignidad como ser humano. Cambiar constantemente de chaqueta con el fin de ser estimado por los demás y promocionarme profesionalmente, me roba no sólo la libertad, sino también la dignidad. Me deformará. Y acabará manifestándose bajo la forma de una enfermedad física o anímica.

LIBERTAD Y PASIÓN DEL HOMBRE

Sin embargo, hay un aspecto de nuestra existencia al que Epicteto no le presta la suficiente atención. En efecto, aunque habla de la preocupación por las personas, porque en todas y cada uno de ellas se puede encontrar una chispa de Dios, en lo que se refiere al amor que debemos dar a los demás insiste mucho menos que lo que Jesús nos ha enseñado. De ahí que los primeros cristianos asumieran ciertamente la idea estoica de libertad, pero al mismo tiempo le dieron una interpretación nueva.

Cristo nos ha liberado para la libertad. Si nos fijamos en la entrega que Jesús hizo de sí mismo en la cruz, nos veremos libres de seguir prisioneros de nosotros mismos, seremos libres para entregarnos a los demás a través del amor. El que ama es sobre todo alguien que se ha liberado de sí mismo. Pero no se ve libre de las pasiones ni del dolor que le puede causar alguna persona que le ama.

Sí, la verdad es que el amor nos hace vulnerables. No hay amor sin sufrimiento. Pero las heridas que me produce el verdadero amor, no tienen nada que ver con las heridas que yo mismo me hago. En todo caso, lo que a menudo hace el amor es que afloren viejas enfermedades. Algo que duele de verdad. Sin embargo, el amor puede también curarlas.

La libertad cristiana es una libertad para el amor, una libertad de toda autocrispación, de todo aprisionamiento en uno mismo y en los propios deseos. Pero la libertad del amor tiene como condición la libertad de la que habla Epicteto, la liberación de las falsas ideas que nos formamos sobre el mundo, y la libertad de *pathos*, es decir, de la esclavitud de pasiones como la ira, la tristeza, el miedo o los celos. Todavía hoy como cristianos podemos aprender de Epicteto la manera de liberarnos de las falsas ideas que nos hacemos sobre el mundo y de la dependencia del mundo tal como se manifiesta en las pasiones. Sin embargo, la meta de nuestra libertad es algo radicalmente distinto.

En Epicteto la meta de la libertad es la paz interior y la imperturbable paz del alma (Schlier, 491). Si esto

34

se toma absolutamente, puede llevar a un círculo narcisista en torno a uno mismo. Para los cristianos, la meta de la libertad es el amor que puede entregarse, pero que también puede ser herido por los hombres. Por el contrario, el amor que nos estresa no tiene nada de amor; y tampoco lo es el amor que nos exige demasiado o nos crea mala conciencia cuando alguna vez decimos no. Aquí se habla de un amor que es libre de entregarse a una persona o a un grupo y de comprometerse totalmente, pero que también es libre incluso para ponerse límites y decir que no, si cree que debe hacerlo.

A menudo me encuentro con pastores de almas que viven estresados a causa de su amor. Ello se debe a que se sienten obligados a responder a todos y cada uno de los ruegos y las expectativas de los miembros de su comunidad. Creen que deben seguir a Jesús con su amor. Pero en realidad no son en su amor tan libres como Jesús, que en su libertad también se apartó alguna vez de la gente para estar a solas con Dios. Jesús nunca se sintió obligado a cumplir los deseos de todas y cada una de las personas. Podemos verlo meridianamente en su forma de reaccionar ante la mujer sirofenicia, que creyó que podía ganárselo para aquello que ansiaba.

Nuestro amor procede a menudo no de nuestra libertad interior, sino de la presión de tener que contentar a todo el mundo, de tener que congraciarse con todas las personas con las que nos relacionamos. En ocasiones, esta presión se traduce en dolor de cabeza.

Pero cuando nuestro amor es fruto de nuestra libertad interior, entonces normalmente no hay dolor de cabeza que valga.

El cuerpo es un magnífico indicador que nos dice si somos libres de verdad o si nuestro compromiso está determinado por nuestra necesidad de ser reconocidos y aceptados, por el miedo a decepcionar y perder así la simpatía de los demás.

Si nuestro amor depende de nuestras propias necesidades y de la presión de las expectativas de los demás, entonces ese amor nos hace daño. Lo que en realidad nos perjudica es la falsa idea que tenemos de nuestro servicio y no el servicio en cuanto tal.

2

EL PENSAMIENTO
DE JUAN CRISÓSTOMO

Juan nació entre los años 344 y 354 en el seno de una familia noble de Antioquía. Recibió una buena formación de la mano del famoso orador pagano Libanio. Recibió el bautismo ya de adulto. Vivió dos años como monje, pero su mala salud le obligó a regresar. Ordenado sacerdote en 386, fue predicador durante más de una década en la iglesia principal de la ciudad, logrando merecida fama por sus ardientes exhortaciones. Consagrado obispo de Constantinopla el año 387, participó en las disputas eclesiásticas y políticas, a consecuencia de lo cual fue desterrado un par de veces. Murió en 407, camino del exilio.

Fue considerado el mayor predicador de la Iglesia griega; por eso en el siglo VI recibió el sobrenombre de Crisóstomo, «pico de oro». A sus muchos sermones sobre textos bíblicos, se suman varios tratados; entre ellos, uno muy consolador: *Nadie puede herir a quien no se hiere a sí mismo* (PG 52, 459-480).

Crisóstomo se propone mostrar en su escrito «que nadie es víctima de nadie, sino que uno sufre la suerte que él mismo se impone». Y se basa en que sólo se puede causar daño a otro cuando se alcanza su núcleo, su *arete*, su virtud. Y pone como ejemplos el hierro dañado por el óxido, el rebaño de ovejas por el lobo y la lana por la bazofia. A la gente le parece injusto que la enfermedad, la pobreza, la ruina, la calumnia o la muerte puedan herir al hombre. La fuerza de una persona radica en la idea correcta que se hace de la vida y en la rectitud y ánimo que le confiera.

Al hombre que tiene una idea correcta de la realidad no le pueden perjudicar ni lo más mínimo las cosas externas. Juan dice: «¿Dónde radica la fuerza del hombre? Desde luego, no en el dinero, como si tú tuvieras que temer a la pobreza. No en la libertad, hasta el punto de que tuvieras que huir de la esclavitud. La fuerza del hombre está en cuidar con esmero las ideas verdaderas y la rectitud en el modo de vivir». Y pone como ejemplo a Job, que perdiendo todos sus bienes y siendo golpeado por la enfermedad, salió fortalecido y justificado de ese estado de necesidad. La desgracia exterior no pudo dañarle, porque su fe en Dios le proporcionaba la idea correcta de la verdad de las cosas, porque él usaba criterios correctos al valorar los bienes externos. El no sólo pedía una mayor riqueza en la virtud, sino también más libertad (*parresia*), por ello salió fortalecido de su lucha.

Como ejemplo contrario pone después a Adán, a quien el Señor hirió cuando lo expulsó del paraíso. Pero quien realmente lo hirió no fue Dios, sino su propia ligereza, su falta de sensatez y de vigilancia. Igual que Job no sufrió ningún daño cuando perdió sus bienes, tampoco Adán hubiera sufrido daño si no hubiera sido por su ligereza y cobardía. Y alude también al Apóstol, a quien ni el hambre, ni la sed, ni la desnudez le causaron daño alguno. Sus necesidades y problemas los hicieron más famosos y obtuvieron la ayuda de Dios de una forma extraordinaria. Tampoco a Lázaro le importó su enfermedad ni su pobreza, pues justamente por ellas alcanzó la corona de su vida. Lo mismo pasó con José el egipcio: no pudieron dañarlo ni la enemistad de sus hermanos, ni la calumnia de la mujer de Putifar, ni la prisión, ni el exilio.

Y Crisóstomo da entonces este consejo: «Has perdido tu fortuna. Di pues: 'Desnudo salí del vientre de mi madre y desnudo volveré allí' (Job 1, 21)». Y añade estas palabras del Apóstol: «'Nada hemos traído al mundo y nada podremos llevarnos de él' (1 Tim 6, 7). Si se habla mal de ti y se te abruma con injurias, acuérdate entonces de estas palabras: '¡Ay cuando los hombres hablen bien de vosotros!' (Lc 6, 26). Y de estas otras: 'Alegraos y regocijaos cuando os calumnien' (Mt 5, 11). ¿Se te ha condenado al exilio? Piensa en que no tienes aquí ninguna patria, sino que, si te pones a filosofar, verás toda la tierra como extraña. ¿Te ha venido una enfermedad grave? Recuerda entonces lo que dice el Apóstol: 'Aunque nuestra condición física se vaya deteriorando, nuestro ser interior se renueva día tras día' (2 Cor 4, 16)».

Crisóstomo termina sus ejemplos con esta conclusión: «Pues si ni la pérdida de la fortuna, ni las ca-

lumnias y vejaciones, ni el exilio, ni las enfermedades, ni la tortura, ni siquiera lo que se cree peor de
todo, es decir, la muerte, les traen a los que las asu-
men perjuicio alguno, sino más bien beneficio: ¿cuáles son las cosas por las que se puede herir a alguien
–puedes preguntarme– si con éstas no se le hiere? Yo
quiero demostrar lo contrario, a saber, que los que
más daño y perjuicio sufren y más desgracias sopor-
tan, todo eso se lo causan ellos a sí mismos».

Y entonces el orador trae a colación el ejemplo de
Caín, que se hirió en grado sumo; y el de la mujer
de Filipo, que pidió la cabeza de Juan el Bautista; y
el de los hermanos de José. Todos estos personajes se
hicieron daño a sí mismos por la injusticia que come-
tieron con otros. Y Juan vuelve a repetir una y otra
vez, casi a modo de estribillo, aquella misma frase:
«El que es herido, no es herido por otro, sino por sí
mismo». Entonces empieza a hablar del apóstol Pablo, que tantas penalidades sufrió: cárcel, lapidación,
azotes, naufragio, hambre y sed… Sin embargo, «no
se quejó de nada de esto, sino que se alegró y se glo-
rió de ello: 'Me alegro de padecer por vosotros' (Col
1, 24); 'y no sólo esto, sino que hasta de las tribula-
ciones nos sentimos orgullosos' (Rom 5, 3)».

Es ahora cuando Crisóstomo aborda su tema preferido, esto es, la riqueza, que trae al alma más perjuicio que beneficio. Quien acumula bienes dirige la
espada contra sí mismo y se procura castigos inso-
portables. Y remite de nuevo a la Escritura, que al describir la vida de muchos personajes, desde Adán hasta

Cristo, demuestra una y otra vez «que quien no se hiere a sí mismo no puede ser herido por otro, aunque el mundo entero le declare una violenta guerra».

En el ejemplo de la casa, una edificada sobre roca y otra sobre arena, muestra la verdad de su tesis de que quien no se hiere a sí mismo no puede ser herido por otro. Pues ni las tempestades ni los vientos pueden nada contra la casa construida sobre roca. Quien ha edificado su casa interior sobre Cristo, que es la roca, no puede ser afectado por ninguna herida. Pero quien por ignorancia, ligereza o corrupción ha edificado su casa sobre arena, se perjudica a sí mismo. La culpable de que la casa se derrumbe no es la tempestad, sino la propia dejadez. Esta es la que le ha dañado y herido. Y Crisóstomo concluye: «Quien no se hiere a sí mismo, aunque sufra infinitamente, sale fortalecido de esa prueba. Pero el que se traiciona a sí mismo, sufre por causa suya (*automatoi*), se hunde y perece, aunque no esté nadie contra él».

Los tres jóvenes en el horno de fuego constituyen otro ejemplo de que nadie nos puede hacer daño si no nos lo hacemos nosotros mismos. Ni la separación de nuestra familia, ni la pobreza, ni la soledad, ni la imposibilidad, por estar lejos, de presentar las ofrendas cotidianas en el templo y de cantar los salmos podía hacerles daño. Al contrario, les honraba mucho más que si hubieran tenido en su patria todo esto. Ellos cantaban en tierra extraña y dentro de un horno, al que habían sido arrojados, la alabanza de Dios que todavía hoy se canta en todo el mundo y que seguirá

41

resonando sin cesar en el futuro. Esto es para Crisóstomo una prueba más de que «quien no se hiere a sí mismo no puede recibir ningún daño de otro. Nunca dejaré de repetir esta frase» (PG 52, 477).

Si ni la prisión, ni el destierro, ni el fuego, ni la muerte pueden causar daño a los tres jóvenes, «¿qué es lo que podría hacer daño a las personas prudentes y sensatas? Nada en absoluto, y eso aunque tuvieran a todo el mundo por enemigo. Pues Dios estaba con ellos y los libraba de las llamas del fuego. Así pues, ten bien presente esto: si das a Dios todo lo que él te pide, en todo contarás con su ayuda».

Juan Crisóstomo no admira a los tres jóvenes por haber sobrevivido a las llamas, sino porque dieron testimonio de la verdad, se mantuvieron en la idea correcta de las cosas y fueron arrojados al horno. Por eso recibieron ya por su testimonio la corona incluso antes de ser arrojados al fuego. Pues con una enorme confianza y una inusual libertad dijeron al rey: «Majestad, no necesitamos responderte sobre este particular. Si nuestro Dios, a quien servimos, puede librarnos del horno de fuego abrasador y de tu ira, nos librará. Y aunque no lo hiciera, has de saber, oh rey, que no serviremos a tu dios ni nos postraremos ante la estatua de oro que has erigido» (Dn 3, 16-18).

Estas solas palabras bastan para decir quiénes son los vencedores. Su idea correcta de las cosas los libró del poder del fuego. Sobre el trasfondo del destino de los tres jóvenes pregunta ahora Crisóstomo al lector: «¿Qué puedes decir tú? ¿Has sido desterrado y expulsado de tu patria? Ellos también lo fueron. ¿Has sufrido la prisión y has estado bajo el dominio de los bárbaros? La misma suerte corrieron ellos. ¿No tienes ahí a nadie que te ayude, que arregle tus cosas, que te advierta y enseñe? También a ellos se les privó de esa ayuda. ¿Estás encadenado? ¿Te van a quemar?, ¿o a matar? No puedes decir nada peor que todo esto. Pero mira, también ellos han pasado por estas cosas y de ellas han salido más famosos, más brillantes y han conseguido el premio celestial».

Y el orador termina así su discurso: «Quiero concluir con lo que dije al empezar: quien sufre algún daño o herida, es siempre porque él se hiere a sí mismo, no porque otro lo hiera, incluso aunque muchos lo hieran y traten injustamente. Pues si uno no se hiere a sí mismo, no hay nadie en la tierra capaz de herir a quien es sensato y está alerta en el Señor. Estemos, pues, alerta y seamos prudentes en todo, llevemos lo amargo con noble corazón, para que consigamos los bienes eternos e inmortales en Cristo Jesús, nuestro Señor, a quien sean dados todo honor y gloria por los siglos de los siglos. Amén».

LA FE COMO CAMINO HACIA LA LIBERTAD

Si queremos traducir a nuestra situación actual este modo de argumentar de Crisóstomo, que a veces nos resulta un poco extraño, me parece realmente importante que entendamos y describamos aquí la fe como camino hacia la libertad. No se trata en primer lugar de una cuestión de moral, del cumplimiento de los mandamientos y prescripciones, sino del camino hacia la libertad. Es realmente sorprendente la libertad con que Crisóstomo fundamenta aquí enseñanzas filosóficas con ejemplos bíblicos, cómo establece una mutua relación entre la psicología y la teología, como se diría hoy. Pues igual que las personas del Antiguo y del Nuevo Testamento creen en Dios y en él hallan su fuerza, también el que ve el mundo con ojos adecuados, tiene una idea correcta de las cosas. Y con ello deja de herirse a sí mismo.

La fe se presenta aquí principalmente no como fe en las enseñanzas de la Iglesia, sino como idea correcta (*dogma*) de la realidad. Y se describe como el arte de una vida sana, como el arte de ser justo y de portarse bien con uno mismo. El que ve la realidad correctamente, el que ordena correctamente la relación de las cosas a sí mismo, es alguien que ya no se hiere a sí mismo y por tanto alguien a quien las demás cosas ya no pueden herirle.

En este discurso, Crisóstomo adopta puntos de vista de Epicteto. Sin mentar su nombre, lo cita en ocasiones literalmente. Sin ningún miedo a contaminarse, asume las enseñanzas de un filósofo pagano y las reencuentra en la Sagrada Escritura. La habilidad de poner en diálogo la teología con la filosofía y la psicología de su tiempo sigue siendo hoy para nosotros un reto importante. Y Crisóstomo podría animarnos a ver la fe no como algo puramente espiritual, sino como una forma concreta de vivir, como el arte de una vida sana, como camino hacia la libertad que nadie nos puede arrebatar, porque Dios mismo es quien nos lo ha regalado.

Si, al igual que esos personajes bíblicos que el obispo cita, creemos cada vez más en Dios como fundamento y fuerza de nuestra vida, tanto más libres seremos de lo que nos hagan los demás, tanto más libres seremos al relacionarnos con las cosas, tanto más libres nos veremos de la presión de tener que poseer y conseguir. La fe en Dios conduce sobre todo a la libertad definitiva, a esa libertad que debe ser el modelo de cualquier otra libertad, es decir, a la libertad ante la muerte. Pues incluso la muerte puede no herirnos. Si creemos, la muerte no es para nosotros sino el portón por el que accedemos, mediante la verdadera vida, a experimentar la plena libertad en Dios.

El problema de la autolesión

La cuestión que plantea Crisóstomo tiene que ver también con nosotros: ¿Cómo puedo prescindir del juicio de los hombres?, ¿cómo llegar a liberarme de la dependencia de cosas externas como la posesión, el éxito, el reconocimiento, la seguridad?, ¿cómo superar el miedo a la enfermedad y a la muerte, al fracaso y al rechazo de los demás?

Son preguntas que preocupan hoy a la gente tanto como antes. Y como observo a menudo en mi tarea de acompañamiento, el problema está en que la gente se mete en situaciones en las que una y otra vez se hiere a sí misma. Cada vez hay más gente, más de la que se pudiera pensar, que no cesa de herirse continuamente. Estas autolesiones pueden ser consecuencia de los autocastigos a que se someten.

Me contó una vez una mujer que se castigaba a sí misma por miedo a las palizas de su padre, hasta que cayó enferma. De esta forma su padre ya no la podía castigar. Así pues, la enfermedad era el único modo que tenía de librarse de las palizas de su padre. Pero ¿a qué precio? Su enfermedad era la expresión de su autolesión. Y la autolesión era la salida que ella tenía ante la lesión por parte de otro. Cuando era niña, probablemente no le quedaba otra salida. Y ésta al menos le ayudó a sobrevivir.

Si esta mujer, ya de adulta, sigue por el mismo camino, no dejará de herirse. Ahora podrá entender los mecanismos que entonces activó para sobrevivir. Ahora podrá hacerse una idea correcta de la vida y, por tanto, dejar de herirse. El simple conocimiento de estos mecanismos no la liberará de esa situación, pero a medida que recuerde las heridas que le causó su imprevisible y brutal padre y acepte sentir ira frente a él, desaparecerán los viejos modos de comportarse y será cada vez más capaz de portarse mejor consigo misma. Aprenderá a afrontar sus conflictos y a madurar desde ellos. Ya no necesitará autolesionarse para eludir el conflicto. Los enfrentamientos la harán cada vez más fuerte y luchadora, tendrá más ganas de sentirse ella misma, de ser ella misma.

Otros se hieren por las altas exigencias e ideales que se plantean a sí mismos y a su modo de vivir. Si no responden a estas exigencias, se hieren a sí mismos con sentimientos de culpabilidad, con autoacusaciones, a veces incluso con infravaloraciones personales, automutilaciones o autocastigos. Una mujer se sentía constantemente herida por su marido, porque estaba enamorado de otras mujeres y se dedicaba a ellas. La herida venía, pues, de fuera. Pero un examen más atento de la situación, quizás la podría llevar a descubrir que su marido repetía las heridas que su madre le causó por educarla con excesiva estrechez y por no haberle regalado absolutamente nada. Y ella misma es consciente de que agrava interiormente la herida causada por su marido cuando se imagina sin cesar lo que pasa cuando él visita a la otra mujer y lo tierno que es con ella.

Con estas imaginaciones, ella se hace daño a sí misma. Es posible que esto que pasa por su cabeza no tenga nada que ver con la realidad. Pues su marido va a ver a la otra mujer no para ser tierno con ella, sino porque quiere discutir, porque la necesita para su trabajo. Sin embargo, cuanto con más fuerza se imagina cómo se comporta su marido con esa mujer extraña, tanto más poder le da ante sí misma. Pero su autolesión no tiene otro fundamento que lo que ella se imagina del encuentro de su marido con las otras mujeres. Su fundamento no lo tiene en sí misma ni en Dios. Ella, en sí misma, no se siente en casa. Su sentimiento de autoestima depende totalmente de su marido. De él depende por completo. Y al depender así de él, puede herirla permanentemente. Porque sabe que ella jamás lo abandonará.

En una situación así, lo primero que ella tiene que aprender es a ser libre interiormente. Necesita distanciarse interiormente más de su marido y descubrir dentro de sí su valor inviolable. Entonces la herida de su marido no le parecerá tan profunda. Él ya no le podrá arrebatar su dignidad ni destruir el fundamento de su persona. Pues si el marido se da cuenta de que su mujer tiene también la libertad de dejarle, entonces lo que consigue con su conducta indebida es herirse sobre todo a sí mismo y no tanto a su mujer. Pues sus heridas tienen consecuencias. O será su mujer la que acabe dejándole. Entonces se quedará solo y así se habrá herido a sí mismo. O bien caen en el vacío. Con ello, puede que él ya no encuentre a su mujer. Y puede que por eso se encuentre a sí mismo. Pues cuando la herida ya no encuentra la meta que ha tenido hasta ahora, busca una nueva. Y esta meta soy yo.

Muchas veces no queremos herir al otro ni hacerle daño. Pero entonces nos herimos a nosotros mismos. Si una joven no quiere hacer daño a su novio y por eso sigue con él en lugar de hacer caso a sus sentimientos, que le dicen que ese amor no tiene ninguna base, entonces se hiere a sí misma. Y eso tampoco le hará ningún bien al muchacho. Cuanto más tiempo siga con él, más esperanzas le dará y más lo herirá si un día decide dejarlo. Con frecuencia nos herimos a nosotros mismos y también unos a otros, justamente

48

por querer eliminar el dolor de nuestro camino. Por eso es tan importante que escuchemos a nuestros sentimientos y hagamos caso a los impulsos de nuestro corazón. Entonces nos habla el Espíritu Santo.

Las reflexiones de que no tenemos que hacer daño a nadie, de que podríamos ayudarle dándonos un poco a él, la mayoría de las veces nada tienen que ver con la realidad, sino que son fruto de la idea que de ella nos hacemos. Y con estas ideas nos hacemos mal a nosotros y también a los demás.

La autolesión –y en esto coinciden Epicteto y Crisóstomo– tiene su causa en la idea que nos hacemos de las cosas. Así, si creo que mi estima depende de que supere esta prueba, esta actitud hace que me presione y, por tanto, me hiera a mí mismo. Y al acercarse la prueba, más pánico me entra. Y si no la supero, me precipito en un abismo, me considero un fracasado y siento un enorme rechazo hacia mi persona.

O si creo que debo adquirir como sea el coche más caro para dar una imagen de ejecutivo de éxito, entonces dependo por completo de lo que piensan los demás. Creo que con mi coche tan caro me voy a imponer a los demás, pues para eso me mato a trabajar. Pero es probable que la gente apenas se interese por el coche que yo tenga. Y entonces mi esfuerzo habrá sido inútil y lo único que lograré será herirme a mí mismo. Pero aunque haya gente que suspire ante mi coche, de eso sólo no vivo. Mi identidad depende entonces de lo que los demás me den. Pero eso es correr hacia el vacío, y así jamás seré feliz.

Mucha gente que se deja llevar por las ideas equivocadas que se hacen de las cosas, se precipitan en el vacío y el sinsentido. Les es imposible disfrutar de la vida. Quieren ser felices, pero en realidad se están buscando la muerte. Viven dejando que la felicidad pase de largo. Se hieren a sí mismos.

Pascal Bruckner describe este tipo de autolesión, tan típica de nuestro tiempo. Cree que el individualismo que impera no nos libera, sino que descubre del modo más temible el infierno del hombre actual: «Soy culpable ante los demás, ante todos los demás, cuya cuenta estoy pagando yo… Cargo con el peso de una vaga acusación que no puedo formular, porque va directamente contra la realidad que se me da» (Bruckner, 29). Mucha gente tiene la sensación de estar siempre en el banquillo de los acusados. Se siente obligada a excusarse una y otra vez ante los demás.

Ahí está una religiosa que cree que debe trabajar sin descanso. Es incapaz de disfrutar de la vida. Tiene que demostrar de continuo a sus hermanas de comunidad que no para de trabajar. Y esto la lleva a sentirse acusada de que dedica poco tiempo a la oración. Y cuanto más acusada se siente, más obligada se cree a justificarse. Y cada vez es menos capaz de orar porque incluso cuando ora se ve sentada en el banco de los acusados. Tiene siempre que justificar todo lo que hace. Por tanto, jamás puede hacer algo con tranquilidad, jamás disfruta del momento presente.

Según Bruckner, para muchos ser uno mismo significa «ganarse el reconocimiento de los demás, es decir, someterse a la férula implacable de sus acusa-dores» (Bruckner, 30). Este es también otro tipo de autolesión, consecuencia de las falsas ideas que uno se hace de la vida. Se tiene la idea de que uno está continuamente sentado en el banco de los acusados y de que ha de justificarse ante todo el mundo.

Que nos herimos por causa de las falsas ideas que nos hacemos de la realidad, lo muestra también este ejemplo. Durante un encuentro, se produjo un malen-tendido en una pareja. Él rompió abruptamente y dejó a la chica perpleja. Los dos se pasaron los días si-guientes pensando por qué lo había dejado el otro. Y ambos se sintieron poseídos por sentimientos de agre-sión y autocompasión, por el sentimiento de que su amor se había roto. Cuando se reencontraron dos días después, se dieron cuenta de lo mucho que se habían herido. Se habían hecho ideas falsas uno del otro y tantas vueltas le habían dado, que habían perdido de vista el cariño que se tenían. Se habían pasado todo ese tiempo hurgando en la herida que se habían hecho el uno al otro. Y, claro, la herida se había agrandado y les había complicado tremendamente la vida. En defi-nitiva, ni el chico había herido a la chica, ni la chica ofendido al chico; lo que había pasado en realidad es que cada uno se había herido a sí mismo y se había encerrado en el dolor de la autocompasión.

En los problemas matrimoniales juegan un papel decisivo las ideas que nos hacemos de los demás. Una mujer puede imaginar que su marido flirtea con la secretaria. Y estas imaginaciones pueden convertir su vida en un verdadero infierno. En cierta ocasión una mujer me contó que su marido se ponía celoso cuando ella quedaba con una amiga. Él se devanaba los sesos pensando en lo que su mujer podía contar, imaginando que quizás le revelaba algo de él, de sus limitaciones y problemas. Y no podía soportarlo, pues en ese campo no le era posible controlar a su mujer. Y esto hería su sentimiento de omnipotencia, el sentimiento de que su mujer le pertenecía en exclusiva. Siempre hay ideas falsas que nos hieren. Si el marido se siente herido porque su mujer va a visitar a su amiga, es un problema sólo suyo. No es su mujer la que le hiere, sino que es él quien se hiere a sí mismo por sus falsas ideas y fantasías producto de los celos.

Juan Crisóstomo nos invita a examinar nuestras ideas sobre la realidad. Pues la mayoría de las veces no son los demás quienes nos hieren, sino nosotros mismos a causa de las ideas que nos hacemos de los demás. E incluso cuando es otro el que nos hiere, de nosotros depende que agravemos esta herida mediante el autocastigo o la falta de autoestima, o que nos liberemos de ella viendo la realidad tal como es. Entonces nos distanciamos de la herida y descubrimos la auténtica realidad de nuestra vida, entramos en contacto con el espacio interior que hay en nosotros, imposible de herir, con la imagen de Dios no falseada que llevamos dentro, y con la dignidad inviolable que nadie puede arrebatarnos.

3

FIGURAS BÍBLICAS
DE LA LIBERTAD

Juan Crisóstomo apuntala su tesis de que nadie es herido si no se hiere él a sí mismo con ejemplos de la Biblia. Quisiera meditar sobre algunas de las figuras bíblicas citadas por el obispo de Constantinopla y transponer su mensaje a la realidad concreta de nuestra vida. Otros ejemplos sacados del acompañamiento pastoral nos ayudarán a reconocer la actualidad que esas historias bíblicas tienen para nosotros.

LOS TRES JÓVENES EN EL HORNO DE FUEGO

Se trata de aquellos tres jóvenes de los que habla el libro de Daniel. Son tres jóvenes de la nobleza israelita que fueron deportados a Babilonia. Allí el rey los trató y alimentó espléndidamente con objeto de prepararlos para entrar a su servicio. Cuando se negaron a adorar la estatua del rey, fueron acusados por algunos caldeos. Al mantenerse firmes incluso ante el rey, se les encadenó y arrojó a un horno de fuego al rojo vivo. «Pero los jóvenes caminaban en medio de las llamas alabando a Dios y bendiciendo al Señor» (Dn 3, 24). El ángel del Señor bajó al horno junto a ellos. «Lanzó las llamas fuera del horno e hizo que recorriera el horno un viento refrescante, de manera que el fuego no les causó daño ni molestia alguna; ni siquiera les tocó» (Dn 3, 49s). Y entonces los tres, a una sola voz, se pusieron a cantar un cántico de alabanza que se sigue cantando hasta el día de hoy en la liturgia de las laudes del domingo.

Es evidente que no se trata sólo de asombrarse ante el milagro que nos cuenta la Biblia sobre estos tres jóvenes, porque entonces su historia no nos diría nada a la gente de hoy. Pero Crisóstomo interpreta el destino de los tres jóvenes de una forma que sí tiene que ver con nosotros ahora. Pues para él son un claro ejemplo de cómo nada externo como ni la prisión, ni la expulsión de la patria, ni el aislamiento, ni la pérdida de la fortuna pueden afectarnos. Lo que distingue a los tres jóvenes es su fe en Dios. Como se mantienen firmes en Dios, los problemas de fuera no les pueden dañar. Para Crisóstomo el milagro no es tan importante como las ideas correctas que los tres jóvenes se han hecho de la realidad. La fe en Dios hace que se tenga un pensamiento exacto sobre las cosas, una postura justa sobre la patria, las posesiones, los hijos, y que se tenga también libertad exterior. El milagro de que los jóvenes fueran salvados del fuego lo único que hace es confirmar la postura correcta ante las cosas que su fe les proporciona. Si tengo en Dios mi alcázar, entonces ni siquiera el fuego podrá hacerme daño.

A nosotros no se nos va a arrojar seguramente a un fuego externo. Pero la situación de los tres jóvenes puede constituir un ejemplo para nuestra experiencia vital. En el sueño el fuego sustituye a veces a la pasión, al amor, a la sexualidad, a la agresión. Suelen ser frecuentes los sueños en que se quema el tejado de nuestra casa. La mayoría de las veces significa que con frecuencia el espíritu y el instinto entran en confrontación dentro de nosotros. El fuego nos invita a unir lo consciente y lo inconsciente, a entablar en nosotros un diálogo entre instinto y espíritu. Pues de otra manera ardería también nuestro tejado, y se encendería también de una vez en nuestro espíritu una fuerte pasión, que no nos permitiría ya pensar con libertad. En algunas ocasiones nos parece como si estuviéramos en un horno de fuego. Entonces somos, en cierto modo, consumidos por nuestras pasiones. Y arde en nosotros el amor hacia una persona que no nos corresponde. O puede que nos queme un intenso deseo sexual.

La imagen de los tres jóvenes en el horno de fuego nos enseña que la confianza en Dios nos protege de las llamas de nuestras pasiones. La confianza en Dios nos permite también verlas a su verdadera luz. Ellas pueden hacer que llameen nuestras emociones. Pero el círculo en el que nosotros confiamos, nuestro yo espiritual, no será consumido por las llamas. Dicho yo espiritual, el verdadero yo de Epicteto, es como un ángel que ha bajado al horno de fuego. Él hace que esté frío el interior de nuestra estufa. En medio de las brasas hay un círculo en nosotros donde el fuego no puede entrar. Es el lugar donde el ángel está con nosotros y donde Dios mismo habita en nosotros.

Así pues, la confianza en Dios nos introduce de una vez en el círculo interior a donde las pasiones no pueden llegar. Entre otras cosas, la confianza en Dios nos permite ver correctamente las cosas. Si tengo en Dios mi apoyo, ya no necesito tenerlo en ninguna posesión externa, ya no tengo por qué aferrarme ni a los hombres ni a las costumbres con las que me he criado. La confianza en Dios puede llevarme a esa misma libertad que demostraron los tres jóvenes ante el rey. Él no podía moverlos a ser infieles a sus convicciones ni a que, mediante la traición, se hirieran en su identidad, porque tenían en Dios un firme apoyo, porque confiaban en que Dios les daría todo lo que necesitaban para vivir.

Confiar en Dios significa también estar de acuerdo con él, asumir lo que nos da, los retos que nos plantea, lo que nos pide. Para Crisóstomo, confiar en Dios consiste en tener ideas correctas de la realidad. Esto nos libera del poder de los reyes de este mundo. Nos libera de los hombres que pretenden mandar sobre nosotros, que creen que pueden meternos miedo porque en la fábrica tienen más categoría que nosotros, porque ocupan en la sociedad puestos más altos que nosotros. Nos libera de los hombres que quieren hacernos creer que dependemos de su benevolencia, que ellos pueden determinar nuestro futuro, que pueden obstruir nuestro camino hacia delante.

JOSÉ DE EGIPTO

La figura veterotestamentaria de José es para Juan
Crisóstomo una prueba más de su tesis de que nadie
puede ser herido si él no se hiere a sí mismo. José
hace caso a sus sueños. Sintoniza con la voz interior
a través de la cual Dios le habla. No comparte la
interpretación de sus hermanos, que le desprecian por
ser el más joven, que le odian y rechazan porque es
distinto, porque es el preferido de su padre. Quieren
matarlo. Pero siguiendo el consejo de Rubén lo arro-
jan a una cisterna y acaban vendiéndolo a unos mer-
caderes que lo llevan a Egipto y lo venden a Putifar,
un alto funcionario del Faraón. Allí todo le iba bien
porque Dios estaba con él (Gn 39, 2).

La envidia de sus hermanos no le podía perjudicar. Aunque le arrojaron a la cisterna y lo vendieron,
en realidad no le pudieron herir. Él sabía que estaba en
manos de Dios. Eso le libró del poder de sus pérfidos
hermanos. Ellos quisieron hacerle daño, pero lograron
exactamente lo contrario, beneficiarle. Pues ninguno
de ellos hizo una carrera tan meteórica como José.

Pero el camino de José no fue todo él un camino
de rosas. Como José lograba todo lo que emprendía,
su señor lo hizo administrador de su casa. Bajo su
mandato se multiplicaron las posesiones. Todo le salía
bien. La mujer de Putifar puso sus ojos en él y quiso
que se acostara con ella. Pero José fue consecuente
consigo mismo. No se dejó llevar por la mujer, sino
por su conciencia. Entonces, la mujer de Putifar le ca-

lumnió diciendo que José había intentado acostarse con ella. La consecuencia fue clara: José fue a dar con sus huesos en la cárcel. Una vez más parecía que el destino se volvía contra él. Pero en la cárcel José siguió siendo fiel a su conciencia. Cierto que estaba en prisión, pero seguía siendo un hombre libre, porque tenía la seguridad de estar en manos de Dios. Allí interpreta sus sueños a sus compañeros prisioneros. Finalmente le fueron a buscar para que interpretara los sueños del Faraón, que los adivinos y los intérpretes de sueños de Egipto eran incapaces de desentrañar. Y cuando José los descifró, el Faraón le dio autoridad sobre todo Egipto. Una vez más, Dios lo libró de la mano de un hombre injusto y envidioso. Nada pudo perjudicarle. Al contrario, dice Crisóstomo, cuanto más daño querían hacerle los demás, tanto mayor era su honor.

«Una historia demasiado bonita para ser cierta», puede pensarse. Pero en nuestra vida se pueden encontrar muchos ejemplos que confirman esta historia. A veces parece que todo se nos pone en contra. Pero si seguimos anclados en Dios, nuestra suerte cambia por completo. Descubrimos de repente el sentido de nuestra crisis, de nuestro fracaso, el sentido de esa calumnia y de ese trato injusto que hemos tenido que soportar. Todo esto nos empuja tanto por dentro como por fuera. Un compañero de diecinueve años me contó una vez lo duro que fue para él haber sido considerado sospechoso por los nazis, en los procesos de moralidad, de ser culpable de algo con los jóvenes.

Pero la confianza del abad y de la comunidad le hizo mucho bien cuando fue encarcelado. Y contaba que de esta prueba salió más fuerte, más maduro y sobre todo más firme en la fe.

A pesar de esto, el tiempo transcurrido en la cárcel fue duro. En la prueba se siente poco la libertad interior. Pero a José tampoco le resultó fácil el tiempo que pasó en la cisterna y en la prisión. Allí su destino le hizo sufrir. Pero al descifrar sus sueños, recuperó de nuevo la esperanza de que la prisión no era en su vida la última palabra, que Dios le había dado una dignidad inviolable que nadie le podría arrebatar.

Cuando nos encontremos en un apuro, cuando nos sintamos entre la espada y la pared, la historia de José puede infundirnos la esperanza de que Dios también cambiará nuestra suerte, de que en todo estamos en las buenas manos de Dios.

Pero hay otras muchas historias que no acaban tan bien. Hay muchos hombres y mujeres injustamente encarcelados, torturados y asesinados. Pensemos en Alfred Delp, Dietrich Bonhoeffer y Edith Stein.

Cuando leo sus biografías, me duele profundamente que gente tan dotada y prudente como ésta no pudiera eludir el terror nazi a pesar de tantos intentos de liberarlos. Pero a la vez siento cómo estas personas no se desmoronaron ante su destino exterior, sino que mantuvieron su libertad interior y su dignidad.

Bonhoeffer era para sus guardianes un hombre libre. Algunos de ellos se acercaron a él para contarle sus problemas. Se pasaban buenos ratos con él, porque en él percibían el gusto de la libertad en medio de un mundo de sospechas, dependencias y terror. El dominio de sí mismo era para él un camino hacia la libertad. Así escribe a su amigo Eberhard Bethge: «Si sales en busca de la libertad, aprende ante todo la disciplina de tus sentidos y de tu alma… Nadie sondea el misterio de la libertad, a no ser por la disciplina» (Bonhoeffer, 258). Y cuando tras el fracaso del atentado del 20 de julio de 1944 vio con claridad que podía ser condenado a muerte, escribió: «En el camino hacia la eterna libertad, la muerte es la fiesta suprema» (259). Y todavía: «La muerte es la culminación de la libertad humana» (261).

En la prisión, Delp no cesa de escribir sobre la libertad cristiana, que le parece la actitud más esencial de los cristianos en nuestro tiempo. Y poco antes de su condena escribe que en la prisión es donde había experimentado por primera vez la auténtica libertad interior: «Dios me ha concedido tener un hermoso espacio de libertad interior. Esto es la gracia de estas duras semanas, la salida de mí mismo. La seguridad en mí se ha quebrado. Pero la realidad de Dios está cada día más cerca de mí y es más compacta. ¿Cómo es posible vivir sólo a medias e incluso una cuarta parte, que es lo que yo he hecho? (Carta del 7 de enero de 1945 a L. Oestreicher). Y tras su condena, escribe el 11 de enero de 1945: «Por fin soy ya un hombre, interiormente libre y más auténtico y verdadero, más realista que antes. Ahora el ojo tiene por fin la mirada plástica para todas las dimensiones y la salud para todas las perspectivas. Las miopías y los atrofiamientos se remedian» (Delp, 107s). En la prisión es donde será realmente libre. Y su libertad tiene que ver con su postura correcta ante la realidad. Ahora desaparecen todas las ideas (*dogmata*) falsas que tenía de ella. Ahora el mismo Dios ha corrido el velo que cubría la realidad (esto es lo que significa el concepto de *aletheia*, «verdad» en griego) y puede conocer la realidad tal como es ante Dios. Esto se ve aún más claro en su meditación sobre el tercer domingo de adviento: «La libertad es el aliento de la vida. Estamos sentados en húmedos sótanos y estrechas cárceles y gemimos ante los duros y aniquiladores mazazos del destino. Ya es hora de que empecemos a no dar a las cosas ningún falso brillo y ninguna falsa dignidad, sino a tenerlas por lo que son: vida no liberada» (173). Si vemos la realidad tal como Dios la ve, seremos libres de verdad. Ni la misma cárcel podrá arrebatarnos nuestra libertad interior.

Para Alfred Delp dos son las condiciones básicas de la libertad humana: la adoración y el amor. Sólo el hombre que se trasciende a sí mismo, que se postra ante Dios, sabe lo que es la auténtica libertad. «Sólo si el hombre traspasa sus propios límites, participará de esta libertad» (217). En la meditación del día de Epifanía de 1945 dice que sólo los hombres que se arrodillan ante el niño Dios que está en el pesebre y le adoran son realmente libres. «*Adoro* (adoro) y S*uscipe* (recibe) son las dos palabras originarias de la verdadera libertad. La rodilla doblada y las manos vacías tendidas hacia delante son las dos gestos originarios del hombre libre» (218). Y sobre el trasfondo de su amenazadora condena y de su ejecución resume el mensaje de la fiesta de la Epifanía: «Hombre, entrégate a Dios y volverás a tenerte a ti mismo. Ahora son otros los que te tienen, los que te torturan, los que te asustan, los que te llevan de un apuro a otro. Esto es la libertad, que canta: no hay ninguna muerte que pueda matarnos. Esto es la vida, que discurre por una llanura sin final» (219).

Delp sufrió mucho en la cárcel. Una vez que los esbirros le golpearon brutalmente y que los dolores no le dejaban dormir, llegó incluso a pensar en el suicidio. Así pues, su sufrimiento fue muy profundo. Sin embargo, él siguió creyendo en la libertad del hombre hasta en situaciones tan inhumanas como las que se daban en las cámaras de tortura de los nazis. La libertad de la que Delp escribe no tiene nada que ver con la insensibilidad, sino que es una libertad interior en medio de una situación extrema, en medio de la más oscura falta de perspectiva. Es la experiencia fundamental de que en definitiva ningún hombre tiene poder sobre nosotros, aunque pueda matarnos. Dios es quien nos libra de nuestros esbirros y asesinos. Esta es la experiencia de fe más honda a la que la Biblia alude repetidamente y de la que dan testimonio una vez más los mártires de nuestro tiempo.

Pero hay además otra experiencia, a saber, la experiencia de las heridas que las atrocidades de los campos de concentración han causado en lo más profundo del alma humana. En su libro *La escritura o la vida*, Jorge Semprún cuenta cómo todavía en sueños siguen sobresaltándole las voces de los vigilantes de los campos de concentración. Primo Levi, el judío italiano, escribe poco antes de su suicidio: «Una vez más tenemos que afirmar que la herida profunda es incurable, que trasciende el tiempo... El que ha sido torturado, permanece torturado... El que soportó la tortura, ya nunca podrá sentirse en este mundo como en casa» (Lorenz-Lindemann, 201).

En este caso no se puede decir que esos hombres se hayan seguido hiriendo. Pues la tortura que se les infligió desde fuera fue tan atroz, que sigue marcando su alma varios decenios después. Lo único que aquí se puede hacer es esperar y pedir que el Espíritu Santo cure estas heridas. Pero el proceso será largo. En el caso de Semprún duró veinte años, justo hasta que pudo escribir sus experiencias de los campos de concentración.

La tesis de que nadie puede ser herido sino por sí mismo se puede cuestionar también cuando se trata de mujeres de las que se ha abusado sexualmente cuando eran niñas. Pues siendo niñas no eran conscientes de que se les había herido de ese modo. Y toda su vida sufren por ello. En mi tarea de acompañamiento sufro a veces cuando algunas mujeres me cuentan cómo se las ha explotado sexualmente de niñas. Es realmente terrorífico hasta dónde puede llegar la maldad humana. La tesis de Juan Crisóstomo no nos puede llevar a minimizar estas heridas. Pues afectan a lo más íntimo del hombre. Lo peor en esas experiencias de abusos sexuales es que muchas víctimas tratan de echarse la culpa a sí mismas en lugar de a los culpables. Por eso se hieren a sí mismas. Han sido heridas por un hombre que no domina su sexualidad. Pero en vez de dirigir su ira contra este hombre y arrojarlo lejos de ellas, se echan la culpa de no haber sido suficientemente consecuentes, de haber vuelto a ver a ese hombre, y otras muchas cosas más. Este mecanismo de autoinculpación dura con frecuencia toda la vida. Las mujeres se sienten entonces culpables de todo lo que les pasa. Si, por ejemplo, sienten vacío en su vida espiritual, se preguntan de inmediato dónde han fallado. O si en alguna relación algo empieza a ir mal, siempre buscan la culpa en sí mismas. Y al autoinculparse, lo que hacen es continuar en sí mismas la herida que le produjo anteriormente su agresor.

El círculo vicioso de la herida que viene de fuera y de la autolesión sólo puede romperse si la mujer herida entra en contacto con su ira. Esto le da una nueva energía y la libera del poder del autor. Entonces puede presentar las heridas a Dios, hasta el punto de que poco a poco le es posible cambiar. Para Hildegarda von Bingen el problema central del hecho de ser hombres está en cómo nuestras heridas pueden convertirse en perlas. La fe puede darle la esperanza de que es posible que eso se haga realidad. Yo intento decirle a las mujeres que han sufrido abusos que, por mucho que se las haya envilecido, su dignidad divina permanece intacta. Puede que el hombre las haya herido profundamente, pero no les ha podido quitar su dignidad. Todavía queda en ellas una zona que no ha sido afectada por la herida.

La herida afecta al cuerpo y a la *psyche*. Lo más afectado por la herida es la vertiente emocional. Pero la vertiente interior, ese lugar donde Dios habita en ellas, ese lugar sigue sano y salvo. A partir de aquí, las fuerzas salvadoras de Dios pueden poco a poco traspasar el corazón y transformar los sentimientos. He conocido mujeres que han asimilado el abuso y por eso se han convertido para otras en terapeutas muy sensibles y también en signos de esperanza para muchas mujeres en situaciones similares. Entonces sí que es cierto que sus heridas se han transformado realmente en perlas. No continúan las heridas, sino que esas heridas las han capacitado de verdad para curar a otras.

En mi tarea de acompañamiento se me habla con frecuencia de un sufrimiento que causan los demás, como por ejemplo cuando un padre desprecia o pone constantemente en ridículo a su hijo. Se trata de una herida profunda de la que el niño no se puede defender. O como me contó una vez una mujer que, por ser hija ilegítima, su abuela la consideraba como la oveja negra de la familia. ¿Pero qué culpa tenía esa niña de haber nacido en esas circunstancias? En estas situaciones, como acompañante, me veo obligado a penetrar en ese dolor tantas veces abismal que se le ha causado a aquella persona herida. Nadie me tomaría en serio si desde el primer momento le fuera con las palabras de Juan Crisóstomo. Pero si hace ya tiempo que se han contemplado y estudiado las heridas, algún día llegará el momento de ir dejándolas a un lado, de abandonarlas y de no hurgar más en ellas. Si se deja pasar ese momento, entonces viene la autolesión. La persona que sufre se ha identificado tanto con sus heridas que teme distanciarse de ellas. Pues ella sabe qué es el sufrimiento. Pero no sabe qué le espera si lo abandona. Esto le asusta. Es justamente ahora cuando la frase «Nadie puede herirte salvo tú mismo», puede retar al que sufre a reconciliarse con su sufrimiento pasado, a desprenderse de él y a afrontar confiado el camino hacia el futuro.

En José se repite el destino. Primero es arrojado a la cisterna por sus hermanos, y luego metido en la cárcel por su señor. En mi trabajo de acompañamiento soy a menudo testigo de que muchas veces las propias personas buscan situaciones que reproducen las heridas de antes. En muchos casos resulta realmente inexplicable por qué, por ejemplo, van al terapeuta mujeres que han sido objeto de abuso y que ahora abusan de sí mismas, o por qué una persona se somete a un jefe que lo desprecia como hacía su padre. ¿Por qué un hombre busca como compañera a una mujer que le hace las mismas heridas que de niño le hacía su hermana mayor? ¿Por qué esa mujer que recibe continuas palizas de su marido vuelve otra vez con él, aunque no haya ningún motivo para pensar que no le volverá a pegar?

No creo que se pueda afirmar que tales personas buscan de forma consciente a sus torturadores. Pero resulta evidente que ahí pasa algo que lo justifica. Quien no supera las heridas de su niñez, se mete continuamente en situaciones hirientes.

En cierta ocasión hablé de este tema con una terapeuta. Ella opinaba que eso constituye también una oportunidad de que mediante estas situaciones se recupere una y otra vez la *psiche*. Al igual que en la escuela hay alumnos que repiten curso para conseguir mejor en esa segunda oportunidad el objetivo propuesto, también la *psyche* busca otras oportunidades para aprender bien algo que la primera vez no consiguió aprender. Así, la religiosa que era tratada por su superiora igual que la había tratado su madre podría aprender a tratar de otra forma a los demás ahora que es una mujer madura.

Es evidente que necesitamos más a menudo de estas situaciones para saber cuáles son los pasos esenciales para llegar a ser personas cabales. En el ejemplo anterior, la hermana podría aprender a desligarse mejor de su superiora, a no dejarse herir por sus puntadas, a defenderse y a estar mejor consigo misma. Sin embargo, siempre están ahí los eternos repetidores, que jamás aprenden nada de nada. Y entonces vienen las tragedias que continúan indefinidamente hasta que alguien rompe por fin con todo esto. Sobre el transfondo de la historia de José diría Juan Crisóstomo que los eternos «repetidores» se hieren a sí mismos y causan heridas.

JOB

Para el obispo de Constantinopla, Job es una prueba más de su tesis de que nadie es herido sino por sí mismo. Job fue herido por Dios no sólo porque le quitó todas sus riquezas. Esto era sólo algo exterior, que el hombre que teme a Dios puede sobrellevar con humildad y resignación. Luego le fueron quitados todos sus hijos. Esto ya afectó a su corazón. Lo más querido que tenía, sus propios hijos, de los que tan orgulloso estaba, le son arrebatados. Pero incluso ante esta pérdida Job reaccionó resignadamente: «Desnudo salí del vientre de mi madre y desnudo volveré allí. El Señor me lo dio, el Señor me lo quitó. ¡Bendito sea el nombre del Señor!» (Job 1, 21). Finalmente llegó Satán y, con el permiso de Dios, le hirió «con una llaga maligna desde la planta de los pies hasta la coronilla» (Job 2, 7). Entonces Job se queda solo con su gran dolor y maldice el día de su nacimiento: «¡Desaparezca el día en que nací y la noche que dijo: 'Ha sido concebido un hombre'!» (Job 3, 3).

Job está, pues, profundamente herido. Su historia no parece precisamente la más apropiada para confirmar la tesis de la imposibilidad de ser herido. A la herida de Satán, con permiso de Dios, que tanto afectó a Job en su existencia, se unió la herida que le causaron sus amigos. Sus amigos quieren que sepa que es él quien tiene la culpa de su desgracia. Sin duda tiene que haber pecado, porque de otro modo Dios no le habría enviado esa desgracia. Pero Job no se deja herir por sus amigos. A pesar de su dolor, sigue afirmando que ha vivido honradamente ante Dios. Ni siquiera se está hiriendo a sí mismo cuando se echa la culpa, cuando cuestiona su conducta y cuando busca alguna culpa en sí mismo. Esto no es autojustificación, sino honradez. El sabe que al menos ha tratado de cumplir la voluntad de Dios. Y Dios acaba por darle la razón.

La razón de su desgracia no está en sus pecados, sino en el incomprensible ser de Dios. Mediante las maravillas de la naturaleza, Dios muestra a Job que es mucho más grande e inasible que lo que él se ha imaginado. Y ante esta grandeza, Job se inclina y confiesa: «Te conocía solamente de oídas, pero ahora te han visto mis ojos. Por eso me retracto, y me arrepiento cubierto de polvo y ceniza» (Job 42, 5s). No se confiesa pecador, sino un hombre que ha sido formado del polvo de la tierra y que por eso no puede discutir con Dios. Y Dios le da a Job una nueva felicidad, duplica sus posesiones y le regala aún siete hijos y tres hijas. Y Job muere bendecido por Dios, anciano y colmado de días.

El libro de Job me enseña que la tesis de que nadie puede ser herido sino por sí mismo no puede formularse en sentido absoluto. Job soporta un gran sufrimiento, que afecta a lo más profundo de su ser. Y no es precisamente por cosas externas, como los camellos y los bueyes. Se trata de sus hijos, esos hijos que tenían todo su amor. Cuando unos padres pierden algún hijo por enfermedad o accidente, es muy profunda la herida que reciben, y entonces pueden llorar como Job esta dolorosa pérdida. Pero en medio de su tristeza, la fe puede ser como el resplandor de una suave luz que les da la esperanza de que no todo carece de sentido. En estas situaciones, para algunos todo es oscuridad. Ya no ven ningún sentido a su vida. Y todavía aumentan su dolor porque se hieren a sí mismos, porque se echan la culpa de no haber prestado la suficiente atención, de no haber educado bien a sus hijos, de haber hecho todo mal. Pero incluso en esas situaciones, Job sigue creyendo que está en manos de Dios. Sabe que él, al morir, nada se puede llevar, que sus hijos eran un don inmerecido de Dios, que Dios puede de nuevo conceder.

Pero este planteamiento sólo se puede mantener cuando se ha aceptado en la tristeza el dolor de la partida. Sólo entonces se irá afianzando poco a poco la luz de este planteamiento y se irán iluminando cada vez más las tinieblas del corazón, hasta que pueda surgir una nueva confianza. Job no se conforma enseguida con su destino. Al contrario, da rienda suelta a su queja: «Estoy hastiado de vivir; así que daré rienda suelta a mis quejas, hablaré en el colmo de la amargura. Diré a Dios: ¡No me condenes! Hazme saber tus cargos contra mí. ¿Acaso te complace oprimirme, despreciar la obra de tus manos y secundar el plan de los impíos?» (Job 10, 1-3). Quejarse es de suyo liberador. Si en la queja damos salida a nuestros sentimientos amargos, éstos pueden cambiarse. Quejarse no es lo mismo que lamentarse. Cuando me lamento me encierro exclusivamente en mí mismo, me sumo en mi autocompasión. En cambio, cuando me quejo expongo mi necesidad a Dios. Deploro mi suerte y me quejo a Dios. En este diálogo puede que algo cambie en mí.

Todavía parece peor la herida que tiene que ver con el cuerpo. No sólo es la enfermedad corporal incurable la que nos hiere en profundidad. La frase maligna con la que Satán hiere a Job, puede ser también una imagen de las heridas psíquicas, del sufrimiento por nuestros complejos neuróticos, por nuestros temores, por nuestras sensibilidades, por nuestros escrúpulos, por toda la basura que hay en nuestra *psyche*. Las depresiones pueden ser como una llaga maligna que corroe nuestra alma. O los trastornos neuróticos, contra los que uno se siente impotente, pueden arrebatarnos nuestra dignidad.

Tomemos el caso de una mujer con un tumor cerebral que le provoca ataques epilépticos. Para esta mujer, que hasta ahora ha dominado extraordinariamente su vida, esto constituye una profunda herida. Ya no se tiene a sí misma. Su bello rostro, con el que ha sonreído a tanta gente, se va desfigurando poco a poco. Y ella, que iba siempre erguida por la vida, se ve arrojada al polvo de la calle y empujada de acá para allá. Su marido, que está desvalido junto a ella, se siente profundamente herido por estos ataques humillantes. Cuando me entero de casos así, lo único que puedo hacer es compadecerme. Entonces no me atrevo a repetir la tesis de Juan Crisóstomo. Aquí hay unas personas que han sido afectadas por una enfermedad en sus pliegues más profundos. Y no pueden hacer absolutamente nada. Esas personas no se han herido a sí mismas. Y si yo les dijera eso, lo único que conseguiría es aumentar todavía más su dolor, como hicieron los amigos de Job, que con sus argumentaciones lo herían cada vez más. Lo único que conseguiría es cargarles aún más con la culpa de su dolor.

¿Qué pasa, pues, con la tesis estoica? ¿Es una tesis inhumana y no cristiana, o se justifica en esas situaciones extremas? Al menos Crisóstomo no tiene ningún miedo de confirmar su tesis con el leproso Job, que se sienta sobre cenizas y se rasca las llagas con un cascote. Hay heridas ante las que me quedo sin palabras. Lo primero que tengo que hacer es inclinarme con respeto ante el sufrimiento humano. Y me prohíbo darle cualquier interpretación. Me quedo callado. Tomo el dolor en serio y lo comparto con quien me cuenta sus problemas. Pero luego también reflexiono sobre cómo puede el otro sobrellevar su dolor.

Si me instalo en la compasión, puede que con eso descargue por un momento a los demás. Pero luego no les sirve absolutamente para nada. Intento señalar a los demás que estén muy atentos a su esfera interior, que no se verá afectada ni siquiera por una enfermedad tan degradante como la epilepsia; que estén muy atentos a la dignidad inviolable a la que ni una enfermedad tan horrible es capaz de destruir. Pero esto sólo puedo hacerlo con una gran cautela. Antes tengo que comprender el dolor en toda su crudeza y dejarme penetrar por él.

La tesis de Crisóstomo no quiere decir, por supuesto, que como cristianos no tengamos que sufrir. Más bien lo contrario, porque el Nuevo Testamento nos repite una y otra vez que los cristianos han de pasar por la prueba del sufrimiento. Pero ese sufrimiento no será inútil. En medio de sus padecimientos, el cristiano experimentará que Cristo está con él. Esto no hará que disminuya su dolor, pero sí que lo sobrelleve mejor. Así, en la primera Carta de Pedro el apóstol puede decir: «Por ello vivís alegres, aunque un poco afligidos ahora, es cierto, a causa de tantas pruebas» (1 Pe 1, 6). Creer que el sufrimiento pertenece a nuestra existencia lo hace más soportable. Y la fe es como un rayo de luz en medio de las tinieblas del sufrimiento. Por encima del sufrimiento ella se remonta hasta Dios, que nos sostiene también en él.

El sufrimiento se vuelve insoportable cuando lo interpretamos mal y nos echamos la culpa de sufrir. Entonces nos machacamos con nuestras acusaciones. Hurgamos en nuestras heridas y las reabrimos bruscamente. Como Job, he de mantener mi dignidad, confiando en que a pesar de todo he vivido rectamente, en que el dolor no es un castigo que me merezco, sino un destino incomprensible, en el que tengo que ponerme en manos de Dios y a través del cual, tras un período de tristeza, tal vez el dolor se transforme en una nueva vida, en ganas de vivir y en libertad. La gente que tiene experiencia del sufrimiento suele ser más madura y serena, tiene un gran corazón e interiormente es más libre del miedo ante su propia vida.

La tesis de que no somos heridos sino que nos herimos nosotros mismos, podría evitar, en experiencias tan profundas como las de Job, que aumentemos todavía más el dolor que nos viene de fuera, hiriéndonos a nosotros mismos. Una razón por la que aumentamos el dolor que nos viene de fuera es la ilusión de que tendríamos que vivir ajenos al dolor, que el dolor no tendría que existir. Con la idea equivocada que nos hacemos del dolor nos herimos a nosotros mismos. Si contamos con que tenemos que sufrir, entonces podremos convivir con el sufrimiento, pero sin aumentarlo hiriéndonos a nosotros mismos. Si somos capaces de aceptar el sufrimiento en las manos de Dios y si en él experimentamos nuestra comunión con Cristo, entonces podremos soportarlo.

Como Job, podemos rebelarnos además contra el dolor y la desgracia que nos ha tocado. En la rebelión existe aún autoestima. Como Job, podemos quejarnos públicamente a Dios de nuestra suerte y lamentar que nos haya puesto en tal situación. Quejarse es distinto de lamentarse. Mientras que en la queja nos mantenemos en nuestra dignidad, en el lamento nos ensimismamos en nuestra autocompasión y perdemos la autoestima. Sentimos que todo vaya tan mal, que nadie ayude, que todo sea absurdo. Muchos se aferran a ese dolor y niegan la vida. La autolesión más profunda que uno puede infligirse es negar la vida y renunciar a ella. Aferrarse a la propia dignidad interior incluso en el dolor más incomprensible, sería el mensaje de Job que Crisóstomo busca transmitir.

LA CASA EDIFICADA SOBRE ROCA

Paso por alto los ejemplos de Caín y Abel, así como las experiencias del apóstol Pablo que Crisóstomo aduce para probar su tesis. Al leer el discurso me ha impresionado cómo interpreta el Padre de la Iglesia el pasaje de la casa edificada sobre roca, tomado del sermón del monte. El cree que las tempestades y las olas vendrán sobre nosotros toda la vida. Eso forma parte de nuestra existencia humana. Pero no nos pueden herir, si hemos edificado nuestra casa sobre roca, si edificamos nuestra casa interior como corresponde a su estructura. Pues la edificación de una casa requiere unos sólidos cimientos. El que edifica su casa sobre arena, se hiere a sí mismo y además puede ser herido por las tempestades exteriores hasta el punto de que se derrumbe la casa. En los sueños, la casa es siempre el símbolo del estado de nuestra conciencia. Si nuestra casa se derrumba, quiere decir que lo vivido hasta el momento ya no se sostiene, que tenemos que construir una nueva casa sobre nuevos cimientos. El que vive inconscientemente, el que no está en contacto con su estado interior, construye su casa sobre arena y así se hiere a sí mismo.

Mateo transmite la imagen de la casa sobre roca al final del sermón del monte. Para él, el que oye y cumple la palabra de Jesús es el hombre prudente que edifica su casa sobre roca. La conducta correcta es, pues, un fundamento sólido para nuestra casa. Pero el que oye la palabra de Jesús y no la sigue «es como un hombre imprudente que edifica su casa sobre arena» (Mt 7, 26). La palabra griega *moros* significa propiamente «poco inteligente», «estúpido», «necio», «tonto». Así pues, el que va de estúpido por la vida, el que vive insulsamente y sin finura, se hiere a sí mismo. El que vislumbra lo que sería bueno para él, pero no lo hace porque le resulta incómodo o por el qué dirán, se perjudica a sí mismo.

La ética cristiana se interpreta aquí de una forma nueva. No se trata de cumplir las normas, sino de vivir como le corresponde a nuestro ser. El que vive contra su naturaleza se hiere a sí mismo. Las palabras de Jesús quieren introducirnos en una vida que nos haga bien porque está en línea con nuestro ser. Para Crisóstomo, sólo el hombre que escucha las palabras de Jesús y las pone en práctica, evita para siempre el peligro de herirse a sí mismo.

II

CONFIGURACIÓN BÍBLICA DE LA LIBERTAD

Quisiera reflexionar ahora sobre tres pasajes de los escritos tardíos del Nuevo Testamento que están en la línea del pensamiento de san Juan Crisóstomo. Hay pasajes que, como el obispo de Constantinopla, comparten el pensamiento de la Stoa y de la filosofía griega y traducen conscientemente el mensaje cristiano al mundo helenístico de finales del siglo I.

Muchos estudiosos valoran de manera fundamentalmente negativa la teología de las cartas pastorales y las dos cartas de Pedro. Así, de las cartas pastorales Helmut Köster llega a decir que «liquidan la teología paulina» (Oberlinner, XLVIII). Sin embargo, estos escritos constituyen para mí unos testimonios importantes de la dimensión mística del camino cristiano.

Hoy en día, cuando tratamos de redescubrir y entender la mística cristiana en diálogo con la mística del hinduísmo y el budismo, tienen una importancia extraordinaria. Y como las cartas pastorales y las cartas de Pedro tratan de insertar el mensaje cristiano en la cultura griega, creo que legítimamente puedo interpretarlas sobre todo en diálogo con la mística. Pues el helenismo se caracterizaba por su espiritualidad mística. En él confluyeron el acervo intelectual egipcio, oriental, griego y judío (Altaner, 167). Se caracteriza por el culto de los misterios y por las prácticas místicas tal como entonces llegaron desde Oriente hasta Occidente.

Así, estos escritos tardíos del Nuevo Testamento pueden ayudarnos a formular de nuevo la dimensión mística del mensaje cristiano en diálogo con otras tradiciones religiosas y espirituales, respondiendo así al anhelo de experiencia de Dios que tiene el hombre de hoy. Debe quedar claro, además, que el camino místico es siempre el camino hacia la libertad interior, que en el camino espiritual debemos encontrar nuestro auténtico yo, que debe estar libre de las heridas que nos causan los demás y también de las que nuestro yo enfermo nos inflige.

Penetré por primera vez en el contenido de las cartas pastorales y las cartas de Pedro cuando las leí a la luz de la psicología transpersonal. Creo con Ken Wilber, el representante más destacado de la psicología transpersonal, que los tres textos que he seleccionado son testimonios del triple camino de la mística.

El primero es el camino de la mística del amor, tan magníficamente descrito por Teresa de Jesús. En él se trata de la unión personal con Dios o con Jesucristo. La unión con Dios transforma al hombre. Teresa lo explica mediante el gusano de seda. En la unión con Dios, la oruga se convierte en mariposa. «Muere el yo y resurge el alma» (Wilber, 363). Creo que la primera Carta de Pedro es testigo de esta transformación del hombre por la experiencia del amor de Cristo y por la unión con él. Pues esa carta nos dice que la vida en Cristo nos libera del miedo a las heridas que nos causan los otros y de los modelos inconscientes de vida con los que nos herimos nosotros mismos.

Testigo del segundo camino es el maestro Eckhart. Se trata del camino de la mística de la unión. El yo se despierta y descubre su identidad con Dios. El maestro Eckhart habla de la irrupción de lo finito «en el origen infinito e increado» (Wilber, 371). No se trata ya aquí del encuentro amoroso con Dios, sino de la experiencia de nuestra unidad originaria con él. Cuando logramos llegar al núcleo de nuestra alma, allí encontramos a Dios y a nuestro verdadero yo. Pues bien, a la luz de esta mística de la unión voy a interpretar el texto de Tito 2, 11-14. Naturalmente, con ello no se agota toda la teología de este escrito. Pero desde el trasfondo de la mística de la unión, las palabras de la Carta de Tito resuenan en mí de un modo nuevo.

El tercer camino de la mística podría describirse como experiencia de pura presencia. Para Ken Wilber, la mística en este grado es «el simple sentimiento de ser; puro apercibimiento como la apertura o la iluminación» (Wilber, 379). El hombre reconoce en todas las cosas la naturaleza divina. El maestro Eckhart lo expresa así: «Ve a Dios en todas las cosas, pues Dios está en todas las cosas... pues Dios es Uno... todas las cosas serán para ti manifiestamente Dios» (Wilber, 379). Representante de esta clase de mística, que ve a Dios en todo como su auténtico fundamento, y que descubre en el hombre y en la creación su naturaleza divina, puede ser 2 Pe 1, 3-8. En este texto nos encontramos con esa expresión singular que ha desconcertado a tantos exegetas, es decir, que por Cristo somos partícipes de la naturaleza divina.

Por un lado quisiera describir estos tres textos como caminos de la mística, pero por otro quisiera preguntarles a continuación qué pueden aportar a la cuestión de la autolesión y de la experiencia de la libertad interior.

Para mí, el camino místico es también un camino terapéutico. Sin embargo el camino místico tiene una dimensión distinta a la del camino psicológico normal, en el que situamos las heridas de nuestra niñez, las asimilamos y así las curamos. El camino místico no cura nuestras heridas, sino que nos conduce a un lugar que trasciende nuestras heridas, al espacio interior de nuestra alma, que no puede ser herido. Y al descubrir en este camino nuestro yo invulnerable, somos verdaderamente libres.

Cuanto más vaya de fuera adentro, más libre seré frente al mundo exterior. No se trata, sin embargo, de una retirada a la pura interioridad, sino de un camino, de una nueva forma de relacionarme con el mundo exterior, de preservar mi libertad interior en cada encuentro con las personas y las cosas, y desde esta libertad comprometerme apasionadamente con este mundo. La libertad interior es la condición para no herirnos sin cesar a nosotros mismos. Nos libera de los viejos modelos de vida con los que nos dañamos a nosotros mismos, y de las falsas ideas que nos hemos hecho de la realidad. Pues tanto la Biblia como la filosofía de la Stoa se muestran convencidas de que lo que nos hiere de verdad son las ideas que tenemos de las cosas. La meta del camino místico es la unión con Dios y la libertad del hombre, el «venir a sí mismo» del hombre, su ser él mismo.

Cuando el hombre descubre a Dios en él y se hace uno con él, entonces entra cada vez más en contacto con la imagen originaria que Dios se ha hecho de él. Y cuando se identifique con la imagen primitiva de Dios, entonces será realmente libre, entonces la realidad externa ya no podrá herirle.

4

¿QUIÉN OS HARÁ MAL SI BUSCÁIS CON ENTUSIASMO EL BIEN?

La primera Carta de Pedro se escribió probablemente hacia el año 90. El autor se dirige a los cristianos sometidos a una presión creciente por el entorno hostil que los rodea, con objeto de consolarlos y de exhortarlos a la perseverancia.

Se trata, pues, de la cuestión de cómo tengo que afrontar el sufrimiento que me viene de fuera y que no puedo evitar. El autor, que muy bien podría no ser Pedro, invita a los cristianos a asumir sus sufrimientos, pero también a mantener la libertad ante ellos mediante la unión con Cristo.

Un motivo de consuelo es que los cristianos son forasteros en este mundo y no tienen ninguna patria (1 Pe 2, 11).

Otro motivo que tienen los cristianos para superar el sufrimiento que les inflige su entorno, es que sufren con Cristo y que al final la maldad de los hombres no les puede causar ningún daño si permanecen en Cristo. Con estas palabras anima el autor a sus lectores y lectoras: «¿Quién os hará mal si buscáis con entusiasmo el bien? Dichosos si tenéis que padecer por hacer el bien. No temáis las amenazas ni os dejéis amedrentar. Dad gloria a Cristo, el Señor, y estad siempre dispuestos a dar razón de vuestra esperanza a todo el que os pida explicaciones. Hacedlo, sin embargo, con dulzura y respeto, como quien tiene limpia la conciencia. Así, quienes hablan mal de vuestro buen comportamiento como cristianos, se avergonzarán de sus calumnias» (1 Pe 3, 13-16).

Aquí el autor parece aludir a la tesis estoica de que los hombres no pueden herirnos con su maldad. ¿Y por qué los hombres con sus amenazas no pueden darnos ningún miedo? Porque buscamos celosamente el bien. Pues si tenemos en Dios nuestro apoyo, la persecución de fuera no nos puede afectar en nada. La primera Carta de Pedro puede describir también nuestro fundamento espiritual como «Cristo en nosotros». Pues si tenemos a Cristo en nuestros corazones, no tenemos ningún miedo a lo que asusta a los demás. Entonces no hay poder en el mundo que pueda desconcertarnos. Pues aunque los cristianos se sientan muy amenazados por gente enemiga, por dentro siguen siendo libres. Y eso porque saben que llevan a Cristo en sus corazones.

Otro motivo de que los cristianos sean invulnerables es su buena conciencia. Aquí tenemos la palabra *syneidesis*, que Epicteto tanto valoraba. Designa al yo interior, al yo espiritual, como diría hoy la psicología transpersonal. En efecto, a la persona que vive desde este yo interior, que vive en sintonía con él, a ésa no le afectan en absoluto ni las hostilidades ni las calumnias de los hombres.

A la buena conciencia todavía hay que añadir que ellos viven su vida en Cristo. Están sumergidos en Cristo. Hay en ellos un espacio que sólo Cristo llena. Y a este espacio interior, las heridas de fuera no tienen ningún acceso.

La experiencia que tenían los destinatarios de la primera Carta de Pedro era la persecución, era ser objeto de la maldad de los hombres. Hoy no se nos suele perseguir a causa de nuestra fe. Pero mucha gente tiene hoy la experiencia de que nos hallamos rodeados por una inmensa maldad.

Una mujer me habló una vez de su espantosa niñez. Varios hombres de su familia abusaron sexualmente de ella. Ella siente como si una maldición planeara sobre su cabeza. Nació en el contexto de una obsesión que desde hace generaciones caracteriza a su familia. En estas situaciones, la terapia tiene sus límites. Entonces yo sólo le podía aconsejar que «tuviera a Cristo en el corazón», que creyera que Cristo habita en ella. Y si Cristo habita en alguna parte de ella, es toda ella santa y salva. El mal ahí no tiene nada que hacer. La maldición no tiene ningún poder sobre ella. Esta mujer apenas tiene fuerzas para asimilar las terribles experiencias de su niñez. Sólo puede creer que hay en ella un espacio en donde las heridas de su niñez no tienen ningún acceso, que no ha sido rozado por la maldad de los hombres. Y puede tener a Cristo en sus heridas. Y Cristo puede poco a poco irlas curando. Pero normalmente esto no sucede enseguida, sino, como advierte la Carta de Pedro, cuando se tiene a Cristo en el corazón, cuando la gracia de Cristo penetra en la desgracia que ruge en el interior.

Este texto de la primera Carta de Pedro me trae a la memoria estos versos tan conocidos de santa Teresa de Jesús:

> Nada te turbe,
> nada te espante,
> todo se pasa,
> Dios no se muda;
> la paciencia
> todo lo alcanza;
> quien a Dios tiene
> nada le falta:
> sólo Dios basta.

Para la gran mística de Ávila, la experiencia de Dios nos lleva a la libertad interior. Si Dios está realmente en nosotros, si el amor de Dios significa tanto para nosotros que él solo nos basta, entonces nadie podrá hacerme nada. Entonces ya no tendremos ningún miedo al mal que nos causa el entorno, ya no temeremos a los que avasallan desde fuera. El camino místico, tal como Teresa lo entiende, es también el camino de la libertad, el camino que nos libera del poder de los hombres, el camino que nos libera tanto de las heridas que nosotros mismos nos causamos como de las que nos vienen de fuera.

Pero esta inviolabilidad que genera en nosotros la experiencia de Dios, no es ningún carro blindado donde nos metemos para que no nos llegue nada de fuera. No se trata de ser insensibles, sino de experimentar el amor. El amor nos hace ciertamente vulnerables. Pero esta vulnerabilidad no tiene nada que ver con que nos hiramos a nosotros mismos.

El amor de Dios puede ser una especie de ayuda frente a la maldad de los que quieren herirnos. Es más fuerte que todo lo que nos amenaza desde fuera. Y si con ese amor amamos también a quienes nos hieren y persiguen, entonces descubrimos en ese quehacer hiriente sus propias enfermedades, que tratan de continuar en nosotros. Entonces ya no tomamos sus heridas como algo personal, sino como expresión de sus propias heridas. Si nuestro amor es lo suficientemente fuerte, puede incluso curar las heridas de los que nos hieren. El amor de Cristo, que en su muerte amó incluso a quienes lo mataron, tenía fuerza para curar las heridas de sus asesinos.

5

LIBERACIÓN DE LOS VIEJOS MODELOS DE VIDA

La primera Carta de Pedro, concretamente en 3, 16, contiene la palabra de la *anastrophe*, del cambio de vida en Cristo. El autor de la Carta contrapone esta conducta en Cristo a «la insensata conducta heredada de vuestros mayores» (1 Pe 1, 18), de la que Cristo nos ha liberado. Últimamente, estas palabras se han vuelto muy significativas para mí. Y en mi tarea de acompañamiento he visto también lo mucho que pueden hacer estas palabras: «Sabed que no habéis sido liberados de la conducta idolátrica heredada de vuestros mayores, con bienes caducos –el oro o la plata–, sino con la sangre preciosa de Cristo, cordero sin mancha y sin tacha» (1 Pe 1, 18s).

Heinrich Schlier traduce que Cristo nos ha liberado «de vuestra vida de apariencias recibida de los padres» (Schlier, 273). Por «salvación por Jesucristo» entiende el autor que hemos sido liberados de la insensatez y vacío de nuestra vida, tal como la hemos recibido de nuestros padres. A esta vida se la denomina *mataios*, que significa insensato, fatuo, vano. «No era lo que pretendía ser. No estaba preñada de ser, como se decía, sino que era algo arbitrario… Se trataba, pues, de una vida irreal, una vida de apariencias, una vida objetivamente estúpida –esta es otra acepción de *mataios*–, porque rebosa ilusiones sobre ella misma» (Schlier, 272).

Nos hemos hecho muchas ilusiones sobre nuestra vida. Los hindúes hablan de *maia*, de apariencia, de ilusión. La fe nos libera de las ilusiones que nos hemos hecho sobre nuestra vida. Entre ellas, la de que podemos tener todo lo que queremos, que todo es posible, que la felicidad y la satisfacción interior son bienes que podemos comprar.

La salvación traída por Jesucristo es una liberación para la realidad. Hemos sido sacados de una vida sumida en la ignorancia (1 Pe 1, 14), de la desorientación (1 Pe 2, 25), de las tinieblas (1 Pe 2, 9). Schlier cree que la cotidianidad sexualizada y demonizada de una Antigüedad niveladora y desintegradora constituyó «para los cristianos la prueba definitiva de una vida radicalmente inaudita e irreal por su falta de compromiso y por su arbitrariedad» (Schlier, 274). Cristo nos ha liberado de todo esto. Cirilo de Jerusalén llama *mataios* a las «representaciones teatrales, a las carreras de caballos y a la caza». Todo el mundo de apariencias de la Antigüedad, que era puro brillo exterior, para el que el contenido de la vida era tan sólo teatro y sensación, es para los cristianos algo vacío, fatuo e insensato. De esta realidad aparente los cristianos se sienten liberados por Cristo.

Los cristianos deben estar en Cristo y no dejarse configurar por el mundo. Son forasteros en este mundo y por el nuevo nacimiento en el bautismo han sido elevados al mundo de Dios. Han pasado a ser reyes, hombres libres, sobre los que este mundo no tiene ningún poder. Deben ser, pues, «sensatos y vivir sobriamente para dedicarse a la oración» (1 Pe 4, 7).

Esta vida desde la oración y la gracia se caracteriza porque «se está libre de ilusiones y sueños, porque se es más 'realista', pero no en el sentido de un compromiso oportunista con eso que se denomina realidad, tal como la entiende el espíritu de este tiempo, sino en el sentido de una visión imparcial e imperturbable de las cosas» (Schlier, 294).

El fundamento de la libertad interior con la que Cristo vive en este mundo, sin que éste le domine, con la que él se siente libre de todos los falsos modelos de vida y de las ilusiones que embargan a la gente que le rodea, es su propia entrega en su muerte en la cruz. La preciosa sangre de Jesucristo apunta al amor con el que Cristo nos ha amado hasta el final y con el que se ha entregado por nosotros.

Es el lenguaje de la mística del amor el que pudiera entresacarse de estas palabras de la primera Carta de Pedro. Y porque Cristo nos ama así, es por lo que tendremos una vida nueva, por lo que volveremos a nacer, por lo que seremos libres del señorío de este mundo y de la «conducta insensata, heredada de nuestros padres». El amor de Dios, que se mostró con la máxima claridad en la autoentrega de Jesús en la cruz por nosotros, nos transforma. Nos libera del lastre del pasado. No somos un puro y simple producto de la historia de nuestra vida. No estamos condenados a repetir lo que hemos aprendido de nuestros padres. En razón del amor de Cristo hemos sido liberados de las cadenas de nuestros modelos de vida.

Los primeros cristianos han tenido la clara experiencia de que el amor de Cristo, que se hizo visible en su preciosa sangre en la cruz, es quien los ha liberado de la vida de apariencias que hasta entonces habían vivido junto con sus contemporáneos. El amor de Cristo les abrió nuevas posibilidades. De tal manera que, desde ese momento, se veían libres de las ataduras que los mantenían atrapados en los viejos modelos de vida que habían recibido de sus padres.

Teresa de Jesús tuvo la experiencia de cómo el amor de Dios la liberó de todos los miedos y preocupaciones. A partir de ahí ya no se volvió a preocupar de si era correcto todo lo que hacía. Desde entonces le traía absolutamente sin cuidado lo que los demás pensaran de ella. La experiencia del amor de Dios le procuró tranquilidad interior y una profunda libertad. Mientras un día de fiesta estaba sumida en oración, vio que Jesús estaba muy cerca de ella. La Santa lo cuenta así: «Yo, como estaba ignorantísima de que podía haber semejante visión, diome gran temor al principio y no hacía sino llorar, aunque en diciéndome una palabra sola de asegurarme, quedaba como solía, quieta y con regalo y sin ningún temor. Parecíame andar siempre a mi lado Jesucristo, y como no era visión imaginaria, no sabía en qué forma; mas estar siempre al lado derecho, sentíalo muy claro, y que era testigo de todo lo que yo hacía, y que ninguna vez que me recogiese un poco, o no estuviese muy divertida, podía ignorar que estaba cabe mí» (Teresa de Jesús, 195).

La experiencia de la cercanía amorosa de Cristo puede también liberarnos a nosotros de los modelos de vida inconscientes que normalmente nos condicionan. Cristo nos libera para la realidad. Si él está en nosotros, entonces afrontaremos la realidad de una forma más justa y dejaremos de oscurecerla con nuestros viejos modelos.

Mucha gente está condicionada por los modelos de vida que han recibido de sus padres y de su trayectoria vital. Creen que son libres, pero lo que hacen en realidad es limitarse a seguir inconscientemente los modelos que han interiorizado de sus padres. La psicología nos ayuda a penetrar esos modelos. El psicólogo transpersonal Fadiman llama dramas de la personalidad a esos «modelos de conducta estereotipadamente repetidos y por tanto previsibles» (Fadiman, 196). El cometido de la terapia consiste para él en «irse distanciando de los propios dramas» (*idem.*, 196). Para la primera Carta de Pedro es el amor de Cristo el que nos puede liberar de estos modelos de conducta y de estos dramas personales.

Algunos ejemplos nos harán ver lo actual que es aún este mensaje. Una mujer se echa siempre la culpa de todo. Si algo no le sale bien, no se pregunta por qué, sino que se echa la culpa de que siempre le pasa lo mismo, de que todo lo hace mal. Y lo mismo le sucede en sus relaciones personales. Si su amiga la acusa de que se preocupa poco de ella, asume las acusaciones y se disculpa en seguida alegando que no ha ido a verla porque estaba muy ocupada. Ante la idea de que las acusaciones de su amiga podrían dar la impresión de que lo que pretende es acapararla, de que lo que quiere es aprovecharse de ella, renuncia a ir a verla. Y tampoco se atreve a tomar en serio sus sentimientos, es decir, las agresiones que dirige contra sí misma. Éstas podrían ciertamente no existir.

Durante la conversación, se pone claramente de manifiesto que esta mujer ha asimilado los modelos de su madre. Ésta determinaba siempre lo que estaba bien y no estaba bien para ella. Su madre siempre tenía razón. Los fallos eran siempre producto de la maldad o de la pereza de su hija. Este modelo se instaló en el inconsciente y ha determinado la conducta de esta mujer incluso en la edad adulta. Esta mujer era piadosa. Quería vivir conscientemente en el espíritu de Cristo. Y como el encuentro con Cristo significa también liberarse de los falsos modelos, de momento se encuentra lejos de él.

Pero, para la primera Carta de Pedro, seguir a Cristo es también captar el sinsentido de los modelos que hemos recibido de nuestros padres. Mirar a Cristo, que se ha entregado por nosotros, que ha muerto por mí en la cruz, puede liberarme de estos modelos insensatos de mi vida que ponen malo a cualquiera.

Cuando en los ejercicios espirituales propongo para la meditación 1 Pe 1, 18s, muchos caen en la cuenta de qué es lo que ha marcado su vida. Muchas veces han luchado contra sus fallos, pero no han ido más allá. Han vuelto a caer más tarde en los mismos. La meditación de este texto de la Biblia les ayuda a descubrir por qué se comportan así, a reconocer sus fallos, a penetrar las «conductas insensatas heredadas de los padres».

Traté una vez a una religiosa, que de niña jamás vio en su madre un «hogar». Su madre siempre tenía que llamarle la atención por algo. Y ella tenía que tener mucho cuidado en no ser una carga para su madre. Nunca podía dejarse llevar por sus sentimientos, sino que tenía que poner todo su empeño en que su madre estuviera contenta para que no se pusiera nerviosa y no se enfadara seriamente. En la comunidad de la institución religiosa encontró su hogar. Y se entregó a él absolutamente, con todas sus fuerzas. Pero siempre que alguna hermana joven se atreve a discutir algo en comunidad, reacciona llena de pánico. Acusa duramente a la joven hermana diciéndole que cómo se le ocurre pensar así. Y cree que debería controlar mejor su enfado.

Ahora reconoce que de lo que realmente se trata es de penetrar y de deponer las conductas insensatas heredadas de su madre. En su niñez había sobrevivido mientras todo lo hacía bien sólo para que su madre se enfadara menos. Ahora, con todo su empeño, ha conseguido que en la comunidad se le respete. La comunidad es su hogar, por el que ella lo da todo, pero ella también lo necesita para poder contener el profundo temor que siente ante la soledad y la falta de hogar. Cuando ahora una hermana se mete con el hogar, aflora su miedo del inconsciente y se convierte en pánico.

Sólo cuando descubrimos esos mecanismos, podemos distanciarnos de ellos y aprender poco a poco a reaccionar de otro modo ante la crítica y el cuestionamiento. Para algunos se trata simplemente de un conocimiento puramente psicológico. Pero a mí me resulta interesante que mucha gente choque con sus mecanismos psíquicos justamente cuando se confrontan con un texto de este tipo.

Mirar a Cristo que se entrega por mí y que por esta entrega amorosa me libera «de la conducta insensata heredada de nuestros padres», me anima a descubrir los modelos que he recibido por tradición y a discernir los que me impiden vivir.

La meditación de esos textos bíblicos puede tener efectos terapéuticos. Pero también es decisivo que yo perciba qué relación tienen con mi vida concreta. Si los interpreto sólo moralísticamente, sucede que me exigen demasiado. Y entonces estoy continuamente preocupado porque tengo que cambiar y mejorar absolutamente todo. Y no me doy cuenta de que con esos pensamientos lo único que hago es seguir el viejo modelo heredado de los padres, un modelo que me dice que todo lo hago mal y que he de cambiarlo todo desde su raíz para poder ser cristiano.

Cuando en un curso con jóvenes medité sobre el texto de 1 Pe 1, 18s y hablé de la conducta vital que hemos recibido de nuestros padres, muchos se sintieron aludidos. Y hablaron de los modelos que les hacen sufrir. La cuestión era cómo liberarse de esos modelos. Mucha gente reconoce sus modelos. Aun así, tienen la impresión de recaer sin cesar en ellos.

Es el caso de una mujer que por miedo a las palizas de sus padres se ha creado un modelo que la lleva a infravalorarse y a considerarse siempre una fracasada. Así anticipaba siempre las palizas de los padres. Pero con este modelo se ha herido a sí misma. Porque ha anticipado el castigo que temía, y se ha castigado a sí misma. De niña, éste era su modelo para poder sobrevivir. Pero ahora, que es ya una mujer madura, ese mismo modelo la sigue haciendo sufrir y es consciente de que la está destruyendo.

Es el caso también de un hombre, al que su padre consideró siempre un fracasado. Ahora, por miedo a volver a fracasar, le consiente todo a su mujer y no hace caso de sus sentimientos que a veces le piden que satisfaga sus necesidades y ponga límite a su compañera cuando le pone continuamente verde y le trata poco más o menos como su padre.

Hay también una mujer joven que ha asumido el modelo depresivo de su madre. Ahora reacciona siempre de forma impaciente y depresiva con su novio, y se condena por eso. Siente que está siendo una carga para él. Asume la valoración de su madre, de que no puede ser depresión, y que por eso ella no ha crecido lo suficiente para la vida. En vez de descubrir la vertiente creativa de su melancolía, cada vez se hunde más con su lado melancólico.

Otra mujer joven, cuando era más joven, no sabía nunca lo que tenía que hacer. No tenía ninguna posibilidad de pasarle el agua a su hermana mayor. Su enorme inseguridad la había llevado a preguntarse siempre si sería capaz de hacerlo correctamente. La obsesión de que sea correcto todo lo que emprende, le hace la vida imposible. Al querer hacerlo todo bien, resulta que todo lo hace mal. Ella quiere hacer la voluntad de Dios, pero lo único que ha puesto en marcha como un «drama personal» es el modelo de su niñez.

La cuestión es cómo liberarnos de estos modelos insensatos que nos destruyen por completo.

El primer paso es conocerlos. Porque es realmente fatal que alguien considere virtud su obsesión por el trabajo, que se dedique a los demás hasta agotarse y que tenga tiempo para todos menos para él. Pero en realidad se trata sólo del modelo de que tiene que demostrar lo que vale, que tiene que hacer ver a su madre lo útil que es que haya asumido como guión de su vida su autoinmolación por la familia. Mucha gente confunde su modelo con la voluntad de Dios. Pero en realidad no se trata de la voluntad de Dios, sino del modelo heredado de los padres. Duele reconocer este hecho, y además todavía no nos libera del modelo. Pero al menos establece una cierta distancia ante él. Pues si no capto el modelo, me hiere cada vez más sin que yo lo vea. Y entonces me siento de algún modo engañado en mi vida. Pero ya es demasiado tarde para verme libre de este modelo.

El segundo paso sería reconciliarse con el modelo. Ahí está, clavado en mi vida. Y no podré librarme de él de la noche a la mañana. Además, el modelo no es algo radical y totalmente malo. Hubo un tiempo en que tuvo su sentido y me ayudó a sobrevivir. Pero ahora lo único que hace es ponerme trabas. Si logro reconciliarme con mi modelo, entonces podré irme distanciando de él. Pero para eso necesito también humor. Saludo a mi modelo: «¡Hola! Otra vez aquí. Sí, ya te conozco. Puedes estar tranquilo. Pero hoy no te voy a seguir. Hoy no te necesito».

Los modelos vuelven a aparecer una y otra vez. Y entonces mucha gente se enfada y quisiera despacharlos violentamente. Pero cuanto más de frente los abordan, tanto más marcados quedan por ellos. Tengo que aceptar mi modelo vital. Porque sólo entonces puedo distanciarme de él y relativizarlo. Y algún día me daré cuenta de que ese modelo ya no me maneja. Sí, aparecerá de vez en cuando, pero ya no me condicionará. El movimiento tiene forma de espiral. Volvemos siempre al punto de partida de nuestra evolución, pero cada vez en un nivel más alto.

Con los viejos modelos que hemos recibido de nuestros antepasados, nos herimos a nosotros mismos. No vivimos como deberíamos vivir. Estamos condicionados por una conducta insensata y vacua. Muchos modelos vitales son directamente autodestructivos. Van contra nosotros, nos quitan la libertad, nos esclavizan. Volvemos a cometer una y otra vez los mismos fallos, porque no captamos lo vacuos e insensatos que son nuestros listones.

El encuentro con Cristo debe llevarnos a una conducta que responda a lo que somos. Ese encuentro quiere liberarnos de los viejos modelos, del poder del superyó que a menudo nos esclaviza. El que capta estos modelos, puede confirmar lo que Crisóstomo subraya una y otra vez en su sermón: El que no se hiere a sí mismo, no puede ser herido por nadie. Nos herimos a nosotros mismos, proseguimos las heridas de la niñez si no nos dejamos liberar de la «conducta insensata heredada de nuestros padres».

6

VIVIR CON CIRCUNSPECCIÓN, JUSTICIA Y PIEDAD

De modo similar a como la primera Carta de Pedro ve la salvación en la liberación de los viejos e insensatos modelos vitales, entiende la Carta a Tito el influjo de la gracia que se nos ha aparecido en Cristo.

La Carta a Tito se escribió en torno al año 100. Su objetivo no era simplemente presentar a los jefes de la comunidad en su responsabilidad, sino también reformular la enseñanza de Pablo a finales del siglo I. La Carta de Tito traduce el mensaje liberador de Pablo al lenguaje del helenismo. Dice así: «Porque se ha manifestado la gracia de Dios, que trae la salvación para todos los hombres. Ella nos enseña a renunciar a la vida sin religión y a los deseos del mundo, para que vivamos en el tiempo presente con circunspección, justicia y piedad, aguardando nuestra feliz esperanza: la manifestación gloriosa de nuestro gran Dios y Salvador Jesucristo, el cual se entregó a sí mismo por nosotros para redimirnos de todo pecado y purificarnos ('para liberarnos de todas las heridas de la Torá', traduce David Stern), a fin de que seamos su pueblo escogido, siempre deseoso de practicar el bien» (Tit 2, 11-14).

Para describir la libertad cristiana, se utilizan en este texto conceptos muy extendidos en el mundo helenístico. El concepto de *epiphaneia*, que tan importante papel desempeñaba en el culto al César. Cuando el César visitaba una capital de provincia, se hablaba de *epiphaneia*, de manifestación del César. Y esta *epiphaneia* solía comportar beneficios fiscales u otras ventajas para esa ciudad, como el trazado de calles o la construcción de un teatro.

En Jesucristo se ha manifestado visiblemente la gracia de Dios, la tierna donación de Dios a los hombres. El objetivo de esta *epiphaneia* era la salvación del hombre, pero en este caso no de las deudas fiscales o de cualesquiera otros sistemas estatales coercitivos de los que el César podía liberar, sino de una vida de apariencias y de una coerción interior. La gracia de Dios tiene aquí un efecto educativo. Nos enseña la verdadera vida, nos introduce en el arte de una vida sana. Nos forma y prepara para ser hombres según la voluntad de Dios, nos forma para ser hombres verdaderos. Por eso puede decir también la Carta a Tito: «Pero ahora ha aparecido la bondad de Dios, nuestro Salvador, y su amor a los hombres (*humanitas*)» (Tit 3, 4). En Cristo puede verse la verdadera imagen del hombre. En ella se nos aparece la humanidad, tal como Dios la ha llamado. Para el filósofo cristiano Peter Wust, que tanto sufrió bajo los nazis, la frase de la manifestación de la humanidad de Dios en Jesucristo es la frase central de la Biblia; y es la frase que el filósofo dejó a sus discípulos en el lecho de muerte como palabra de despedida.

La idea, según la imagen primitiva, que Dios se ha hecho del hombre, se presenta sobre todo como negación, como abandono, como autoliberación del ateísmo y de las pasiones humanas. El autor de la Carta a Tito describe con estos dos conceptos la situación del mundo de entonces. Los hombres viven como si no hubiera ningún Dios. No se preocupan lo más mínimo de lo que Dios quiere de ellos. Actúan al margen de Dios y al margen del derecho, sin tener en cuenta las leyes y las normas de la vida. Están dominados por sus pasiones, por las *epithymiai*. Las pasiones eran para la Stoa un concepto importante. Caracterizan al hombre sin libertad. Nacen de las falsas ideas que nos hacemos de las cosas.

Estas pasiones son para Epicteto sobre todo ira y agresividad. Los hombres están determinados por sus afectos. No pueden pensar con claridad. Son impelidos. Las pasiones se califican aquí de terrenales. Se refieren solamente a las cosas de la tierra, a la posesión, al comer y al beber, a la satisfacción sexual. Ahí ve Evagrio Póntico las tres pasiones del hombre: gula, deshonestidad y codicia.

La aparición de la gracia salvadora en Jesucristo nos ha liberado del vacuo impulso del ateísmo y de la esclavitud de los instintos. El cristiano es un hombre libre que dirige por sí mismo su vida. No se deja llevar porque sí. La epifanía de la donación amorosa de Dios en Jesucristo lo educa para una vida como ésa. Esta concepción de la salvación por Jesucristo la ha desarrollado más tarde Clemente de Alejandría, cuando llama *paidagogos* a Jesucristo, es decir, el educador que educa al cristiano para ser gnóstico, para ser un hombre libre que vive de acuerdo con lo que es, que une la sabiduría de la filosofía griega con su fe en Dios, Creador del mundo y Padre de Jesucristo.

La Carta a Tito describe con tres palabras lo que debe entender el cristiano por libertad. El cristiano ha de vivir en el tiempo presente con circunspección, justicia y piedad. Estas palabras son tres conceptos básicos de la filosofía griega. *Sophron*, con circunspección, viene de *saos phrenes*, estar en su sano juicio, tener una recta comprensión del mundo. Normalmente significa ser razonable en el sentido de ser adecuado, mesurado, disciplinado, casto. Pero también puede significar pensar razonablemente, o sea, sin ilusiones (Luck, 1094). Circunspección es, pues, tener un pensamiento correcto sobre la realidad. Vemos la realidad tal como es, no nos hacemos ilusiones ni falsas ideas (*dogmata*) sobre ella. Para la Stoa, la circunspección es una virtud cardinal. Significa que la persona vive de acuerdo con su orden interior, sin dejarse dominar por las cosas del mundo, porque sabe cuál es la correcta relación entre las cosas y él.

La segunda actitud es la justicia. El cristiano vivirá justamente (*dikaios*), es decir, cumplirá las leyes del Estado y, sobre todo, los mandamientos de Dios.

Vivirá correctamente, o sea, de acuerdo con lo que es. Y de forma que no se hiera a sí mismo, que no sea injusto consigo, que no destruya su orden interior.

Para Epicteto la justicia consiste en vivir en sintonía con el orden interior del alma, en ser correcto y en portarse bien con uno mismo. En el sermón de Crisóstomo, herirse-a-sí-mismo se designa siempre con la palabra *adikoun*. Quien no hace justicia a su propio ser, quien se hace daño a sí mismo, ese jamás cesará de herirse. En la Stoa, la justicia no sólo tiene que ver con la propia persona, sino también con los demás hombres. Vive justamente el que hace justicia a los otros, el que tiene en cuenta las necesidades justificadas de los demás, el que respeta su libertad, el que les da lo que para ellos es conveniente y equitativo.

La tercera actitud que caracteriza al cristiano es la piedad (*eusebos*). *Eusebeia* designa la relación con Dios. Sólo cuando damos a Dios lo que es de Dios podemos vivir como hombres libres. La relación con Dios nos saca de la vorágine de la corrupción que los primeros cristianos se encontraron a derecha e izquierda. Piadoso significa también ver las cosas desde Dios tal como él las ve. Si veo la realidad desde Dios, no me haré ninguna ilusión sobre ella. Y entonces la posesión de las cosas terrenas y el reconocimiento dejarán de ser importantes. Y si veo correctamente las cosas, también podré vivir correctamente. Por consiguiente, la piedad no es una conquista humana, sino un modo de ser que corresponde a lo que uno es, porque se verá y vivirá desde Dios.

A esta vida libre y conforme al ser pertenece también la esperanza en la consumación. La vida aquí no lo es todo. En consecuencia, únicamente si espero que Dios puede satisfacer todos mis deseos, si él aparece en toda su gloria, podré vivir conforme a la realidad, podré vivir con realismo. La gracia de Dios no sólo ha aparecido en el mundo. La verdadera epifanía tendrá lugar al final de los tiempos, cuando Cristo, nuestro Salvador, resplandezca en su gloria y todos lo puedan ver. Sólo quien vive en la esperanza, vive como debe vivir.

Aquí la palabra esperanza va unida al término *makarios*, bienaventurado, feliz. El que vive esta feliz esperanza en la aparición de Cristo, jamás se aferrará convulsivamente a las cosas terrenas, no se verá arrastrado por las pasiones. Es una persona verdaderamente libre. Y esta libertad del cristiano se describirá aún mediante dos expresiones. Por un lado, mediante una referencia a la salvación por Cristo. Cristo se ha entregado por nosotros para liberarnos de toda ausencia de ley (*anomia*). Él nos ha sacado del estado de ausencia de ley (en la traducción ecuménica, *anomia* se ha traducido por culpa), situación frecuente en el mundo de entonces, pero que también hoy sigue existiendo. Y nos ha purificado para ser pueblo de su propiedad. Él nos ha renovado como hombres que pertenecen a Dios. Y prueba de esta pertenencia a Dios es el celo por las buenas obras. Una nueva conducta es el signo de la libertad de los cristianos. Y el celo por las obras del amor.

Si leemos estas expresiones de la Carta a Tito a la luz de la filosofía estoica y las trasponemos a la situación que nos toca vivir, veremos con claridad que para ser cristiano es esencial la capacidad de vivir correctamente, de acuerdo con lo que se es, en línea con la dignidad humana y en libertad. La premisa para esta vida en libertad no es otra que una actitud de circunspección, justicia y piedad. El cristiano tiene una idea correcta del mundo y, por tanto, puede vivir en sintonía con el mundo y con Dios, y a la vez de acuerdo con la estructura interna de su alma.

Lo que la filosofía estoica pide al hombre que quiere ser interiormente libre, lo aprende el cristiano mirando a Jesucristo. La gracia de Dios, su donación amorosa en Jesucristo, hace del cristiano un hombre que sabe vivir con circunspección y libertad, sin herirse a sí mismo, de modo que todo le sienta bien.

La Carta a Tito y el camino místico

Podríamos comparar las expresiones de la Carta a Tito con la visión mística del mundo del maestro Eckhart. Eckhart habla de la apertura de lo finito al origen infinito e increado. Sólo vemos correctamente las cosas cuando las contemplamos en su referencia a Dios. Religiosidad podría significar también ver las cosas al margen de la yoidad, hacer justicia a las cosas sin mezclarlas para nada con mi ego. Nuestra visión del mundo está demasiadas veces enturbiada por el influjo de nuestro ego. En lugar de ver «desde

109

mi yo», según el maestro Eckhart hemos de estar «libres de nuestra voluntad». «Tienes que despojarte de tu ser tuyo y derretirte en su ser suyo» (Wilber, 372). Sólo si vivimos con circunspección y justicia, si no somos prisioneros de nuestro yo, podremos ser justos con nosotros mismos y con el mundo, podremos vivir sin herirnos a nosotros mismos. El camino místico significa despertar a la realidad. Y este despertar nos libera de los mecanismos que nos llevan a destruirnos y a herirnos a nosotros mismos.

Según la Carta a Tito, la gracia de Dios nos educa para este modo de ver libre-del-yo, para este trato con las cosas y con nosotros mismos conforme con el ser, para una vida en todo referida a Dios, para una vida que a partir de Dios se porta correctamente tanto consigo misma como con el mundo. Se trata en definitiva de un camino místico en el que la Carta a Tito quisiera ejercitarnos desde el trasfondo del mundo espiritual del helenismo. En cualquier caso, las afirmaciones de esta carta me sonaron de un modo nuevo cuando comencé a entenderlas como lenguaje terapéutico y también como lenguaje místico.

Aparición de la gracia

No basta con ver en las frases de la Carta a Tito unas simples afirmaciones que hemos de aceptar sin más. ¿Cómo educar para una vida libre y conforme con nuestro ser? La Carta a Tito utiliza la imagen de la epifanía, de la manifestación. Esto era algo familiar para el hombre de entonces. Y creo que aun hoy se puede entender. Cuando una alta autoridad estatal visita una ciudad poco importante de una provincia, siempre surgen con ese motivo algunas expectativas. Él puede hacer lo que a mí me resulta imposible por mucho que me preocupe.

Si Dios se manifiesta visiblemente en Jesucristo, y si se manifiesta en su gracia, en su tierna donación, podemos hacer que las ideas que tenemos exploten como pompas de jabón.

Entonces se derrumba de una vez la idea de que no valemos nada, de que nadie se preocupa de nosotros, de que todo lo hacemos al revés, de que todo carece de sentido, de que comprometerse en algo no tiene ningún objeto.

Entonces vemos que sí, que somos valiosos. Este Dios se manifiesta en mí con su gracia allí donde habito y vivo. Se manifiesta en mi ciudad y en mi vida diaria. Todo está impregnado por la donación amorosa, de la misma forma que la ciudad se adorna para la visita de un huésped ilustre. Mi vida será radicalmente otra si creo que Dios la visita con ternura, que el amor de Dios ilumina cada rincón de mi quehacer cotidiano, que él viene a los barrios marginales de mi alma para iluminarlos con la luz de su amor.

Entonces cesan mis lamentos de que no puedo vivir en esta ciudad, porque es una ciudad insignificante, una simple ciudad provinciana, de que es algo que a nadie se le puede pedir, porque es una ciudad sucia y miserable.

Entonces cesan los quejidos sobre mi inferioridad. Mi persona es tan importante que Dios se me aparece en su amor, que discurre por las calles de mi ciudad y en todas partes anuncia su benevolencia y su conformidad.

Entonces ya no hay nada en mí que no haya sido tocado por la gracia de Dios, que haya sido excluido del sí incondicional de Dios. Cuando medito esta imagen de la Carta de Tito, veo que pueden derrumbarse todas las falsas ideas que tengo sobre mí. Y de una vez puedo vivir con circunspección, es decir, con una idea exacta de mí y de mi existencia.

Entonces dejaré ya de minusvalorarme y de hacerme más pequeño de lo que soy. Me haré justicia a mí mismo en lugar de tratarme siempre injustamente. Viviré en sintonía, me portaré bien conmigo.

Circunspección

La actitud de circunspección, para la que nos educa la epifanía de la gracia salvadora de Dios en Jesucristo, podríamos traducirla por lo que la psicología transpersonal llama consciencia. Es el reconocimiento de la verdadera realidad y la presencia consciente, todo esto en el momento presente. «La mayoría de nosotros estamos presentes sólo raramente. Nuestro estado normal consiste en 'caminar en sueños' o 'soñar despiertos', mientras que estar despiertos no es sino un estado ocasional y pasajero, pero que puede darnos un poder real sobre nuestra vida» (Bugental, 215).

Para Bugental, la auténtica liberación del hombre hay que verla justamente en que el hombre entre en contacto con su patria interior. La psicología transpersonal ve su cometido específico en despejar esa esfera experiencial de la patria interior.

Bugental está convencido «de que gran parte de nuestras preocupaciones y necesidades hay que atribuirlas a que vivimos como desterrados, desterrados de nuestra patria, del mundo interior de nuestras experiencias» (216). Sólo cuando encontramos nuestra patria interior, hallamos también «acceso a una participación verdaderamente creadora en la vida» (217). Bugental piensa que el que conoce la verdadera patria, ve con profunda tristeza «los enormes esfuerzos que hacen muchos hombres para ser como creen que tienen que ser, sobre el profundo deseo de una verdadera comunidad, que en todas partes parece que sólo lleva a la desesperación, sobre toda la esperanza y trabajo abnegado, que en gran parte se han perdido, porque carecen de consciencia» (217).

Los primeros cristianos tuvieron una experiencia similar a la de Bugental. Mirando a Jesucristo y a la aparición de la gracia de Dios en él, se dieron cuenta de que la mayoría de los hombres pasan de largo por la vida como si corrieran detrás de ciertas ilusiones, como si, de alguna manera, caminaran dormidos, y dejando al margen su propia realidad, se limitan a ir tirando. De ahí que la educación para la circunspección, para una actitud de consciencia, vigilancia, racionalidad, que ve el mundo tal como ha salido de Dios,

113

sea un camino decisivo para la dignidad y libertad humana. En referencia a Jesucristo vio el autor de la Carta a Tito que correr tras los placeres, tan propio de la sociedad romana, no tiene nada que ver con la vida real, sólo con la vida de apariencias. El cristiano, que vive con circunspección, vive conscientemente. Entrevé. Mira a la profundidad del mundo y ve en Jesucristo otra posibilidad de vida, el arte de la verdadera vida, de una vida consciente, vigilante, absolutamente presente. El que vive conscientemente, el que está en contacto con la realidad divina, ése está libre de las expectativas humanas. Ese ya no tiene por qué preocuparse ni de caer bien a todo el mundo, ni de ser como él cree que la sociedad le pide que sea.

JUSTICIA

Si creemos que «vivir con justicia» en el sentido de Epicteto es no herirse a sí mismo, no hacerse daño, no vivir contra el propio orden interno, entonces vemos una conformación de todo eso en la psicología transpersonal. Para Bugental lo que realmente importa es que vivamos en sintonía con nuestra naturaleza humana y con la realidad. Esto nos da libertad interior ante muchas cosas que preocupan y hacen sufrir a mucha gente. El que vive contra su naturaleza, se hiere a sí mismo, es víctima de sí mismo. «Todos nuestros esfuerzos serán baldíos, mientras no aceptemos nuestra naturaleza y no reconozcamos que somos detentores y no víctimas de nuestro destino» (218).

Muchos quieren mejorar su situación exterior adquiriendo cada vez más cosas lujosas, ganando cada vez más, para poder permitirse cada vez más. Pero si siguen actuando al margen de su naturaleza, «actúan incontestablemente contra sí mismos» (218), se están hiriendo al obrar de ese modo. El ajetreo con el que mucha gente va hoy por la vida, para participar en el juego de roles de la sociedad, lleva a menudo al vacío. Pues ¿de qué nos vale ser reconocidos por la sociedad, si vivimos al margen de lo que somos?

Aquí la psicología transpersonal nos confirma lo que ya dijo Jesús: «¿De qué le sirve a uno ganar todo el mundo si pierde su vida?» (Mc 8, 36). La Vulgata lo traduce:«si perjudica a su alma». El que dejando al lado su ser busca su felicidad en lo de fuera, ése se perjudica, se hiere a sí mismo.

Pero no se trata solamente de acumular posesiones. Muchas personas invierten un enorme esfuerzo en conseguir de los demás un poco de aceptación. Hacen lo que creen que les piden los demás. Se sacrifican por ellos, sólo para obtener unas palabras de reconocimiento. Creen que eso es bueno para ellas. Pero lo que hacen es herirse a sí mismos, porque persiguen algo que no corresponde a su dignidad.

Los primeros cristianos comprobaron que en su mundo todo valía con tal de conseguir una gloria externa. Y desenmascararon todo esto como pura apariencia, porque habían tocado otra realidad.

La recomendación de vivir con circunspección, justicia y religiosidad en este mundo no es, pues, una exigencia ascética de renunciar a todo y de limitarse a vivir. Responde más bien a la experiencia de su verdadera realidad, de su dignidad divina. Y la experiencia de esta realidad divina los libera de la presión de participar en la vacua actividad de la antigua sociedad.

Pero para mucha gente de hoy lo que hacen esas palabras de la Biblia es negar la vida. Nada más lejos de la realidad, pues lo que hacen es confirmarla. Ellas quieren ayudarnos a vivir de acuerdo con lo que somos, a vivir con circunspección, con justicia, con corrección, en sintonía con nuestro auténtico ser.

En mi trabajo de acompañamiento, sufro cuando veo a religiosos y religiosas que han hecho a lo largo de su vida un enorme esfuerzo por cumplir sus deberes religiosos, sin que jamás hayan llegado por este camino a entrar en contacto con su verdad interior. Además, en su ministerio han alimentado la ilusión de que tenían que dar la talla ante Dios. Y con demasiada frecuencia su actividad era también el camino que utilizaban para ser valorados y reconocidos por la gente, por sus superiores, por sus hermanos o hermanas.

Un camino así no conduce a la amplitud ni a la libertad, sino a la decepción y la amargura. Algunos sienten a los sesenta años que les han estafado en su vida, que ellos mismos se han estafado. No han vivido «con circunspección y justicia», sino que lo único que han intentado es satisfacer a los demás y responder a las expectativas de los otros, hacer justicia a los mandamientos en lugar de ser justos consigo mismos. Y claro, con eso se han hecho una profunda herida.

PIEDAD

Es interesante que para la psicología transpersonal el tercer concepto, «piedad», pertenezca también a la vida libre y consciente. Tras hablar del arte de vivir conscientemente, de ser libres desde el conocimiento de nuestra patria interior frente al impulso de tener que buscar en lo de fuera consuelo y plenitud, Bugental escribe: «Hay una palabra que apunta a nuestra subjetividad indescriptible, al potencial inimaginable que hay en cada uno de nosotros, a nuestro anhelo de más verdad y vivacidad, a nuestro profundo sentimiento por la tragedia de ser hombres, a la dignidad siempre atacada pero nunca destruida de nuestro ser, a la sensación maravillosa en que vivimos sin cesar si somos conscientes de verdad, y a nuestra voluntad de anunciar esa maravilla, la esencia del ser hombre. Esa palabra es Dios. Nuestra idea de Dios corresponde a nuestra más honda intuición de eso que, en definitiva, está en nuestra profundidad» (218).

La relación con Dios nos pone en contacto con la fuente interior que hay en nosotros, de la que siempre podemos sacar agua porque nunca se agota. Ella nos regala eso que el evangelio de Juan llama «vida eterna», auténtica, plena. Si tenemos en Dios nuestro fundamento, si vivimos «piadosamente», o sea, con devoción, entonces percibimos la inmensa tragedia del hombre, que consiste precisamente en que pasa por la vida al margen de sí mismo, en que corre tras ilusiones, en que se hiere a sí mismo porque no se hace jus-

117

ticia a sí mismo. Y la relación con Dios nos da el sentido de la maravilla en la que vivimos. Vivimos en y de Dios. Esta es nuestra dignidad más profunda. Todo ello nos libera del poder del mundo. Esto nos permite reconocer el misterio de nuestra humanidad.

La palabra griega *eusebes*, piadoso, viene de *sebomai*, esto es, retroceder, mostrar temor respetuoso ante las órdenes de Dios, adorar a Dios. Por *eusebes* Platón entiende la actitud respetuosa ante los dioses y sus mandatos (Foerster, 176). Esta palabra refleja el sentimiento típicamente griego de reverencia ante la majestad y grandeza de Dios y ante el mundo puro de lo divino. Aunque Pablo evita la palabra *eusebeia*, en las Cartas pastorales define la recta conducta del hombre ante Dios como un estilo de vida que remite a Dios. La piedad se puede ejercitar como una virtud. Es el arte de una vida sana, que respeta el orden de Dios y vive conforme a su ser por respeto al Creador.

En la actitud de piedad (*eusebeia*) se percibe eso que la psicología transpersonal denomina consciencia, el conocimiento de Dios como la verdadera realidad, la vida desde la patria interior, desde el fundamento del alma, como llama Tauler a esta patria interior, desde el fundamento originario de nuestra alma. Así concibe en definitiva el camino místico la Carta a Tito. Y el camino místico es también un camino hacia la libertad frente a las ilusiones y a los modelos de conducta que nos hieren.

PARTÍCIPES
DE LA NATURALEZA DIVINA

Todavía se aproxima más a lo que la psicología transpersonal llama consciencia, la afirmación de la segunda Carta de Pedro, en la que tropiezan muchos exegetas y a la que consideran helenista más que cristiana. Pero no es sino el intento de llevar el mensaje cristiano a círculos imbuidos por la filosofía griega y la cultura helenista.

Dios, con su poder y mediante el conocimiento de aquel que nos llamó con su propia gloria y potencia, nos ha otorgado todo lo necesario para la vida y la religión. Y también nos ha otorgado valiosas y sublimes promesas, para que, evitando la corrupción que las pasiones han introducido en el mundo, os hagáis partícipes de la naturaleza divina. Por eso, poned todo vuestro empeño en unir a vuestra fe una vida honrada; a la vida honrada, el conocimiento; al conocimiento, el dominio de sí; al dominio de sí, la paciencia; a la paciencia, la religiosidad sincera; a la religiosidad sincera, el aprecio fraterno; y al aprecio fraterno, el amor. Pues si poseéis en abundancia todas estas cosas, no quedaréis inactivos ni estériles en orden al conocimiento de nuestro Señor Jesucristo (2 Pe 1, 3-8).

La salvación por Jesucristo se describe aquí, con el lenguaje del culto de los misterios y de la gnosis, como un regalo de Dios, que en Jesucristo nos hace partícipes de la naturaleza divina. La idea del parentesco divino del hombre era familiar para los griegos. Aquí nos dice el autor de la carta que justamente por el don de Cristo participamos del modo de ser y de la naturaleza de Dios (Grundmann, 70). Los padres griegos no dejan de insistir en que por la encarnación de Cristo hemos sido deificados. La deificación del hombre por Cristo nos hace bien. Nos da vida verdadera (*zoe*) y piedad (*eusebeia*), el lugar correcto ante Dios y ante el mundo, el respeto ante el misterio de Dios que atraviesa toda la creación. Junto con la naturaleza divina se nos dio también parte en la gloria y fuerza de Jesucristo. Y esta fuerza nos libra de la corrupción que la concupiscencia ha traído al mundo. Muchos interpretan este texto desde una perspectiva moral.

El encuentro con la psicología transpersonal me ha enseñado a entender estas afirmaciones como camino hacia la libertad. El que vive conscientemente, el que está en contacto con su patria interior, con ese sitio donde Dios habita en él, el que vive sabiendo que tiene una naturaleza divina, ese se ve libre de la corrupción (*phthora*), de la ausencia de horizontes, de la falta de éxito, del vacío y del sinsentido, de la falsificación y de la profanación de la vida verdadera. Ese ya no será movido por la concupiscencia, no tendrá por qué tener todo lo que ve. No tendrá por qué conseguir, todo lo que se puede conseguir. Puede embarcarse en la vida que Dios le da. No tiene por qué estar siempre pendiente de lo que tienen los demás. Vive consciente de su naturaleza divina. Así vive de verdad. Y al vivir totalmente presente, plenamente en el ahora, con «los ojos bien abiertos», vive a fondo y no necesita nada más.

La libertad frente al poder de las propias pasiones no es el resultado de una ardua ascesis, sino de una nueva experiencia de la vida divina. Así lo ve también la psicología transpersonal: «Los hábitos perjudiciales y las necesidades aparentemente irrenunciables palidecen poco a poco, cuando se ve que las experiencias transpersonales proporcionan una mayor satisfacción» (Fadiman, 194).

El maestro Eckhart confirma las afirmaciones de la segunda Carta de Pedro sobre la libertad frente a las pasiones: «El alma no descansa hasta que rompe con todo lo que no es Dios y llega a la libertad divina. Es libre quien de nada depende y al que nada le prende. Es totalmente libre el alma que se eleva por encima de todo lo que no es Dios, mientras que con su concupiscencia no se agarra ni a las criaturas ni a sí misma» (Eckhart, 158).

Hablar de la naturaleza divina, de la que somos partícipes por Cristo, no es una defección del mensaje cristiano de la salvación ni, como piensa Käsemann, una «recaída del cristianismo en el dualismo helenista» (Grundmann, 77), sino un camino para traducir el mensaje cristiano al lenguaje místico del culto de los misterios y de la gnosis.

La segunda Carta de Pedro es el escrito más tardío del Nuevo Testamento, que se escribió probablemente entre los años 120-125. Aventura un prudente equilibrio «entre un paso hacia la helenización del mensaje cristiano y una fuerte protesta en nombre de la escatología apocalíptica contra una excesiva helenización, que diluiría la sustancia cristiana» (Vötgle, 128).

Su teología de la deificación del hombre fue asumida sobre todo por los padres griegos, empezando por Clemente de Alejandría y pasando por Orígenes hasta Atanasio. La auténtica salvación y liberación del hombre está para los padres griegos en la participación en la naturaleza divina y en la fuerza divina de Cristo. En ella se nos libra del carácter efímero y perecedero de nuestra naturaleza mortal. En ella participamos en la verdadera vida que no puede ser destruida ni siquiera por la muerte. En ella somos liberados del miedo a la muerte, que corroe y corrompe (*phthora*) la vida humana.

FORMAS DE MANIFESTARSE LA NATURALEZA DIVINA
EN NOSOTROS

Para la segunda Carta de Pedro, somos partícipes de la verdadera vida porque hemos sido llamados por Cristo y porque creemos en el mensaje del Apóstol. Quiere también mostrarnos que vale la pena ser cristianos, confiar en el mensaje de la Escritura. Pues sólo entonces viviremos de verdad, conforme a nuestra naturaleza divina.

Esta vida nueva y real requiere sin embargo formas concretas de manifestarse. Por eso el autor enumera una serie de virtudes que todo aquel que ha sido tan agraciado por Dios debiera realizar con el máximo celo, para que la naturaleza divina de los cristianos resplandezca a los ojos del mundo «como una lámpara que brilla en la oscuridad, hasta que despunte el día y el lucero matutino se alce en vuestros corazones» (2 Pe 1, 19).

Se despliega aquí una cadena de ocho eslabones que empieza con la fe y termina con el amor. Estas cadenas de virtudes estaban muy en boga entre los autores helenistas (Vötgtle, 149). Es una tarea extraordinariamente honrosa la que el cristiano debe realizar aquí. El cristiano puede realizar todas las virtudes tan apreciadas en el entorno helenista, porque participa de la naturaleza divina.

La cadena de virtudes empieza con la fe. La fe es el cimiento sobre el que el cristiano edifica su vida. De la fe viene la virtud, la eficiencia, la fuerza. El que cree puede vivir de otro modo, más consciente y dotado de una nueva energía. No vive desde sí mismo, sino desde la fuente divina que mana en él y jamás se agota, de la fuerza divina que jamás se debilita. De la virtud y la fuerza viene el conocimiento, la gnosis. Gnosis indica aquí la capacidad de distinguir lo bueno de lo malo. Y significa ver la realidad correctamente, verla tal como ha sido creada y pensada por Dios. Gnosis es la visión correcta, que está libre de las falsas ideas (*dogmata*) a las que se refiere Epicteto. Tanto los hombres de entonces como los de ahora suspiran por la gnosis, el conocimiento y la iluminación.

El camino místico es, pues, un camino hacia el verdadero conocimiento de las cosas. Del conocimiento viene el autodominio (*egkrateia*). El hombre tiene dominio sobre sí y no es determinado por sus instintos. Vive él y no es vivido por nadie más, ni por otras personas ni por otras fuerzas. *Egkrateia* puede significar también abstinencia. Quien tiene dominio sobre sí puede decidir libremente lo que quiere y lo que no quiere. No ha de tenerlo todo. También puede renunciar. Sobriedad no significa una dura ascesis, sino libertad de decisión. Requiere paciencia (*hypomone*), perseverancia, estabilidad, solidez. Tiene que defenderse de todas las artes persuasivas de fuera que quieren empujar al hombre hacia algo que en el fondo de su corazón no quiere. *Hypomone* significa literalmente resistir, mantenerse abajo, decir sí a lo que es. No situarse por encima de la realidad, sino mantenerse bajo ella, o sea, aceptarla como es, confiar que incluso Dios mismo acepta y confía en esta realidad.

De la perseverancia y estabilidad viene el temor de Dios, la piedad, el respeto a sus mandatos. El hombre piadoso, es decir, el que teme a Dios, tiene su sitio en él. Edifica su casa sobre roca y no sobre la arena de las pasiones y deseos que apartan al hombre de su interior. *Eusebeia*, piedad y temor de Dios «es un saber sobre Dios que hace que el hombre tome en serio a Dios en su voluntad, que le une a Dios y aumenta su confianza en Dios» (Grundmann, 69). Resulta interesante que los Setenta interpreten la famosa frase de la sabiduría judía «principio de la sabiduría es el temor del Señor» con la también típica frase griega «el respeto a Dios es el principio de la experiencia» (Grundmann, 69). Quien sabe algo de Dios y de su misterio incomprensible y lo trata con respeto, ese experimenta la realidad tal cual es, sienta las bases de una profunda experiencia existencial, puede llegar a una experiencia mística que los místicos de todas las religiones anhelan como meta del camino espiritual.

De la piedad viene la fraternidad (*philadelphia*), el amor al hermano, el amor fraternal. Quien ha encontrado su sitio en el Señor, no gira alrededor de sí mismo, sino que es libre para amar a sus hermanos. Se compromete con este mundo. Fomenta una conciencia de responsabilidad social y una sensibilidad ante las necesidades de sus hermanos los hombres. Y de ahí se deriva el amor, el *agape*, que ahora lo abarca todo, tanto a Dios como a los hombres, es decir, a toda la creación. El amor es el fruto de la fe. El amor es el último eslabón de los ocho que tiene la cadena.

Ocho significa siempre plenitud y totalidad, la eternidad. En el ocho, lo infinito, lo eterno y lo divino ocupan el primer plano. Por eso las pilas bautismales suelen ser octogonales. En el bautismo recibimos la vida divina en plenitud. También la cadena de ocho eslabones evoca la naturaleza divina de la que hemos sido hechos partícipes en Cristo. Ella describe la vida que ha sido penetrada por la presencia salvadora y liberadora de Dios y que se ha convertido en divina.

FECUNDIDAD Y VITALIDAD

La vida del que, fiel a su naturaleza divina, vive estas ocho actitudes no puede quedar sin fruto, será cada vez más floreciente y le permitirá reconocer cada vez más a Jesucristo como su Señor. La fecundidad es un atributo esencial de la vida, pues la vida humana quiere crecer y dar fruto. Las ocho actitudes que caracterizan nuestra naturaleza divina hacen que la vida florezca. «Quien carece de estas cosas es un miope que apenas ve» (2 Pe 1, 9). No ve la realidad tal cual es. Tiene ideas falsas de ella. Vive entre ilusiones.

Es interesante cómo ve la segunda Carta de Pedro la salvación de los cristianos y su liberación por Jesucristo. La salvación consiste en que Cristo, con su fuerza divina, nos ha dado todo lo que es bueno para nosotros, lo que nos conduce a la vida, a una actitud de respeto y piedad, y a una constante referencia a Dios en todo lo que hacemos. Y la vida espiritual, que se refleja en las ocho actitudes y conductas, hace fructífera nuestra vida. La vitalidad, la fecundidad y la vida desde el fundamento divino son, pues, los criterios para una sana espiritualidad cristiana.

En mi tarea de acompañamiento detecto a menudo otras formas de vida espiritual. Una religiosa asiste a todos los actos de oración y reza cada día su rosario. Pero esto no le da vitalidad. Hace muchas cosas piadosas. Pero ella no es piadosa, no tiene una relación real con Dios, no vive desde un fundamento divino. Quisiera vivir espiritualmente y confirma su buena voluntad con lo mucho de espiritual que hace. Pero eso no la cambia, no le da vitalidad ni le hace producir fruto. Pues no tiene una relación real con Dios. En su piedad lo que hace es girar en torno a sí misma. Querría solucionar sus problemas con la oración. Pero no se sitúa en su verdad y no se dirige a Dios en su oración. No acaba inmersa en Dios, sino que permanece exclusivamente en sí misma. Prefiere la seguridad a la vitalidad; antepone la acción y el éxito a la fecundidad. En vez de relación con Dios (*eusebeia*) busca el reconocimiento por sus prácticas religiosas. Intenta hacerlo todo bien. Pero por eso mismo todo lo hace mal. Pues en su intento de hacerlo todo bien, se deja guiar por el temor de que en el fondo no es correcta, de que no debería ser como ahora es. Así pues, con sus prácticas religiosas se enfrenta a su temor de no ser correcta. Pero no acaba de recaer en Dios. No llega al fundamento, al fundamento divino de su corazón. Le resulta imposible creer que Cristo la ha hecho partícipe de la naturaleza divina.

Maslow distingue entre falta de motivación y motivación creciente. Y esto vale tanto para los distintos tipos de terapia como para la vida espiritual. La hermana que quiere hacerlo todo bien actúa poco motivada, justamente como la que intenta verse libre de sus impulsos neuróticos y acabar con el miedo a su estructura instintiva.

Es frecuente que muchos cristianos comiencen una vida espiritual desde una falta de motivación. Piden a Dios que les conceda cada vez más seguridad en sí mismos, que les libre de su miedo, que les saque de su depresión. O utilizan el camino espiritual para impedir la vitalidad. Lo que quieren es seguridad y apoyo. Eliminan de su camino el miedo a la vida mientras permanecen en las formas espirituales. Pero la vida espiritual, tal como la entiende la segunda Carta de Pedro, debe contribuir al crecimiento. Debe hacer que florezca nuestra vida. La huella de una vida más grande es la huella divina en nuestra vida. Esa huella es la que hay que seguir, y no las huellas que sólo sirven para impedir la vida y la verdad.

La psicología transpersonal trabaja en su terapia desde la motivación creciente. Se trata del crecimiento, de la emancipación y de la trascendencia. Estos tres valores tienen «que ver con la realización de ser más... Ellos nos impulsan hacia una plenitud, hacia un sentido pleno de la vida, como nunca antes hemos conocido» (Bugental, 212).

El objetivo de la vida espiritual, de la que habla la segunda Carta de Pedro, es el crecimiento de la vida humana. Debería llevarnos a una mayor conciencia y libertad interior. La psicología transpersonal busca la misma meta: «El estadio final de la psicología transpersonal crea un estado que en las distintas tradiciones se conoce como sabiduría, liberación, iluminación o gnosis» (Fadiman, 200). Si interpretamos transpersonal y místicamente la afirmación de nuestra participación en la naturaleza divina, la segunda Carta de Pedro nos sitúa en un plano que corresponde a la mística de la unidad del maestro Eckhart y del Zen.

Así pues, se trata de que experimentemos a Dios como fundamento de todo ser. Dios es el fundamento último de las cosas. Todo participa de la naturaleza divina. El cristiano es consciente de esto gracias al conocimiento (*gnosis*). No se trata exclusivamente del parentesco esencial entre el hombre y Dios, sino también del conocimiento de que la naturaleza divina es lo característico que está en la base de todo ser. El cristiano, que participa de la naturaleza divina, reconoce también que Dios es el fundamento de todo ser. Ya no encontrará jamás en el mundo, por ser «un miope que apenas ve» (2 Pe 1, 9), sólo lo corrupto, lo caduco, lo pasajero, sino el fundamento divino. Y a partir de ahí, su relación con el mundo cambiará.

Estamos en la cumbre de la mística, tal como la describe el maestro Eckhart. Para él, el tercer grado de la experiencia de Dios consiste en sumergirse en la inagotable *profundidad* de Dios, en la esencia divina. Aquí las personas permanecen en la esencia, donde está el puro ser: aquí aman sólo a Dios porque está por encima de todos los seres. Han superado obstáculos y montañas, y a base de deseos y conocimiento han volado hasta muy cerca del verdadero sol. En ellos está ya el comienzo de la vida eterna.

De todo aquel que haya llegado hasta aquí, puede decirse que es hombre y Dios, pues ha recibido por gracia cuanto Cristo tiene por naturaleza. Incluso el alma es regada por la esencia más noble del alma, que ha recibido de Dios, y por las luces divinas, hasta el punto de que puede decirse: he aquí un hombre divino.

A la luz de la mística del maestro Eckhart he entendido las palabras de la segunda Carta de Pedro desde otra perspectiva. En quien se ha abandonado completamente a Dios, Dios genera un nuevo ser, una nueva conducta. Desde ahora todo lo ve en Dios, está totalmente inmerso en la naturaleza divina de la que ha sido hecho partícipe a través de Cristo.

Autolesión y relación con Dios

¿Tienen las afirmaciones de la segunda Carta de Pedro algo que ver con nuestro tema de la autolesión y de la libertad interior? El que siempre está girando alrededor de sí y de sus problemas, se hiere a sí mismo. Aquel cuya única meta es liberarse de sus miedos, permanecerá siempre anclado en su miedo. El que quiere controlarlo todo, seguro que tendrá una vida descontrolada. El que todo quiere hacerlo bien, comprobará al final que todo lo ha hecho mal.

Son principios básicos de nuestra vida. Pero muchas veces no somos conscientes de ello. Tenemos tan asumidos nuestros viejos modelos vitales que los seguimos a ciegas y, por eso, no dejamos de herirnos. Le fijamos una meta muy corta a nuestra vida. Sólo queremos lograr que disminuyan nuestras necesidades, pero no las rebasamos para llegar a Dios como verdadero fundamento de nuestra vida. De ahí que cuando superamos una necesidad, venga enseguida otra. Pues la causa de nuestras necesidades radica en nuestra falsa concepción de la vida.

Para los budistas, la causa de todo sufrimiento está en ser prisioneros de este mundo. Para la segunda Carta de Pedro es, sin embargo, «la corrupción que las pasiones han introducido en el mundo» (2 Pe 1, 4).

Mientras seguimos dando vueltas, tratando de satisfacer nuestros deseos y de cambiar las situaciones dolorosas, nos seguiremos hiriendo a nosotros mismos. De lo que más bien se trata es de descubrir la causa de nuestras necesidades, de que abandonemos los viejos modelos de vida y de que descubramos en la fe el verdadero camino para vivir.

Para la segunda Carta de Pedro, la vida es el conocimiento de que por Cristo hemos sido hechos partícipes de la naturaleza divina, de que Dios es el fundamento auténtico de nuestro ser, de que todo nuestro ser está penetrado por Dios. Si esto lo tomamos en serio, si permanecemos en este conocimiento y en esta experiencia, entonces seremos verdaderamente libres, dejaremos de herirnos a nosotros mismos, dejaremos de quejarnos como niños pequeños cuando no se cumplan nuestros deseos.

Así pues, la experiencia de lo que Dios ha hecho en nosotros por Jesucristo es la premisa para una vida auténtica, para una vida donde el mecanismo de la autolesión desaparece por completo. Penetrados por la naturaleza divina, viviremos como corresponde a nuestro auténtico ser.

Para este tiempo nuestro, que ha perdido su relación con Dios, ha descrito Pascal Bruckner cómo los hombres le están buscando un sustituto, cómo sustituyen el vacío y la fría racionalidad por un nuevo encantamiento del mundo, mientras éste les presenta una superoferta de cosas que dan la impresión de una infinita plenitud. «El consumo es una religión venida a menos, la fe en la resurrección sin fin de las cosas, cuya iglesia es el supermercado y cuyo evangelio es la publicidad» (Bruckner, 57). La promesa de que se pueden satisfacer todos los deseos sustituye nuestro más profundo anhelo de lo divino. Quien participa de la naturaleza divina no necesita en absoluto ese sustituto de la religión que es el consumo, con el que continuamente nos herimos a nosotros mismos porque nos esforzamos en vano.

Otra razón de que nos hiramos a nosotros mismos es que muchas cosas que vemos en nosotros pensamos de entrada que son malas, corruptas, sucias y molestas en nuestro camino. Si interpretamos místicamente la afirmación sobre la naturaleza divina, como hicieron los padres griegos de la Iglesia a excepción de Plotino, entonces todo es básicamente bueno. El mundo, de suyo, no está corrompido; sólo lo está cuando nos dominan las pasiones y lo vemos desde nuestro *ego*. Pero en principio todo es bueno porque viene de Dios y ha fluido de Dios. Todo lo finito participa de Dios. Por eso, no podemos hallar a Dios al margen del mundo, sino sólo a través de él.

El maestro Eckhart lo repite machaconamente: «El que permanece en la interioridad como debe, ese está bien en todos los lugares y con todas las personas. Pero el que no está bien, no está bien en ningún sitio y con ninguna persona. Ahora bien, está bien interiormente el que tiene realmente a Dios en sí mismo. El que tiene a Dios en la verdad, le tiene también en todos los lugares, le tiene en la calle y en toda la gente tan bien como en la iglesia, o en el desierto o en la celda, y todo lo que hace no lo hace tanto él como Dios que está en él» (Eckhart, 182).

Si hemos sido hechos por Cristo partícipes de la naturaleza divina, todo en nosotros está impregnado de la naturaleza divina. No podemos, pues, separar algunas esferas, como la sexualidad y la agresividad, y considerarlas malas. Y como muchos cristianos han contrapuesto Dios y mundo, naturaleza terrena y naturaleza divina, han caído a menudo en un ascetismo salvaje que les ha hecho mucho daño.

En mi tarea de acompañamiento, compruebo que la gente espiritual es la que más suele herirse, y ello justamente porque demoniza y oprime las dos fuerzas básicas de ser humano: la agresividad y la sexualidad. Pero a Dios no se le encuentra al margen de la agresividad y la sexualidad, sino a través de ellas. Quien mutila la agresividad y la sexualidad pierde gran parte de la energía creadora que Dios nos ha dado.

La segunda Carta de Pedro dice: «Dios, con su poder (*dynamis*, fuerza, energía, potencia, fuerza salvadora, fuerza para vivir) y mediante el conocimiento de aquel que nos llamó con su propia gloria y potencia, nos ha dado todo lo necesario para la vida y la religión» (2 Pe 1, 3). La fuerza divina nos ha dado también la energía (*dynamis*) de la agresividad y de la

133

sexualidad, como fuerzas buenas (o necesarias, según Vögtle, 137) para nuestra vida y nuestra religiosidad. Por tanto, no hay que cercenarlas, sino tratarlas con humanidad, integrarlas en nuestra vida.

Es el caso de un sacerdote que teme mostrar su agresividad, porque su padre, que era un colérico, se la quitaba a base de golpes. Así pues, se decidió a no tener que experimentar personalmente en adelante esa violencia corporal, para no tener que ser rechazado jamás. Pero la represión de su agresividad le deprime. No se trata, pues, de que carguemos sobre nosotros toda la agresividad que no podemos dominar, sino sobre todo de que entremos en contacto con ella y la exterioricemos razonablemente.

Cuando en el tratamiento terapéutico el sacerdote aprendió poco a poco a ver positivamente su agresividad y a dar algunos pequeños pasos en su afán de irla exteriorizando, sus tendencias depresivas dieron paulatinamente paso a una energía creadora que brotaba ahora de él. De golpe empezó a tener ganas de pintar, de dar forma a algo, de atreverse a algo, de emprender algo nuevo. Y se dio cuenta de cuánto tiempo había estado hiriéndose, simplemente por haber buscado a Dios al margen de su agresividad, solamente porque había valorado la agresividad no como una fuerza divina, sino como un poder corrupto y demoníaco que había que reprimir.

Lo mismo pasa con la sexualidad. Muchos consagrados se hieren a sí mismos porque ven la sexualidad como algo que no puede ser, como algo malo en sí mismo. Y malgastan sus fuerzas en reprimirla. Esto no es sólo un problema de los sacerdotes y religiosos, sino de muchos cristianos, e incluso de gente no cristiana. Es evidente que hoy existe un miedo muy extendido a la sexualidad que lleva a reprimirla.

Tampoco se trata aquí de dejar que la sexualidad campe sin control. Pues si viene de las pasiones corruptas –«de la corrupción que las pasiones han introducido en el mundo» (2 Pe 1, 4)–, no conduce a la vida, sino al caos, causando muchos de los dramas que acontecen en las relaciones y muchas heridas, como los abusos sexuales y las violaciones.

Tarea de los cristianos es descubrir la naturaleza divina incluso en la sexualidad. Pues esto conduce a una visión más positiva de la misma y a un trato más consciente y comedido con ella.

El que gasta sus energías en reprimir y disociar la sexualidad, se hiere a sí mismo. Además, suele constatar que nunca logra reprimirla del todo. En momentos de frustración o sobrecarga le avasalla la sexualidad y se traduce en masturbación y a veces incluso en una conducta incontrolada con menores. Naturalmente, esto aumenta el sufrimiento en cada uno. Estas personas giran sin cesar en torno a una sexualidad que, por otro lado, quieren reprimir. Sin embargo, quien está en contacto con su sexualidad, recibe de ella ganas de vivir, le alegra por reconocerse cuerpo, le capacita para percibir la naturaleza con todos los sentidos y detectar a Dios en ella, le da creatividad y le lleva a una espiritualidad llena de vida.

Naturalmente este camino no está libre de esco-
llos. La sexualidad es una fuerza que no se deja con-
ducir tan fácilmente por los canales que deseamos.
Pero es fundamental que la consideremos una energía
que Dios nos ha dado, una fuerza buena y necesaria
para nuestra vida (*zoe,* vitalidad, plenitud de vida, cf.
2 Pe 1, 3) y nuestra piedad (*eusebeia,* relación con
Dios). Entonces encontraremos la forma de integrar-
la en nuestra concepción de la vida. Esto se verá de
forma distinta por la gente casada y por la soltera.
Pero lo decisivo es que la sexualidad se valore como
una fuerza que viene de Dios y que quiere llevarnos
también a Dios.

Me asusta cada vez más comprobar cuánto sufrimiento humano viene de la represión y de la opresión
de la sexualidad, cuánto se hieren las personas a sí
mismas porque interpretan el mensaje de la Biblia no
místicamente, sino moralísticamente, porque disocian
a Dios y al hombre y querrían llegar a Dios al margen
del mundo, porque no entienden la piedad como camino hacia la vida plena, sino como una estrategia
para eludir los peligros de la existencia.

MADURAR
A TRAVÉS DE LAS HERIDAS

Quiero terminar estos pensamientos sobre la auto-lesión y sobre el camino bíblico y místico de la libertad con la conocida historia del Talmud que cuenta Henry Nouwen.

Rabí Joshua ben Levi se encontró con el profeta Elías, que estaba a la entrada de la cueva de Rabí Simran ben Johais. Y le preguntó:

–¿Cuándo vendrá el Mesías?

A lo que Elías respondió:

–Ve y pregúntaselo a él.

–¿Dónde está?

–Está sentado a la puerta de la ciudad.

–¿Cómo podré reconocerlo?

–Está sentado entre los pobres, lleno de heridas por todas partes. Los otros dejan sus heridas al aire libre y vuelven a cubrirlas más tarde. Pero él sólo se quita una venda y se la vuelve a poner enseguida, pues se dice: «Quizás alguien me necesite; en ese caso, tengo que estar siempre preparado y no puedo retrasarme ni un solo instante».

La vida siempre nos herirá, lo queramos o no. El sufrimiento es un elemento esencial de nuestra vida. Así lo dice la segunda Carta de Pedro. La cuestión es cómo afrontar el sufrimiento que nos viene de fuera, si lo ahondamos hiriéndonos a nosotros mismos, o si por el contrario vendamos con esmero las heridas que nos causa la vida, preparándonos así para curar las heridas de los demás. Todos los que están sentados ante la puerta tienen alguna herida. La diferencia entre ellos y el Mesías es que unos dejan de golpe todas sus heridas al aire, mientras el Mesías sólo se desvenda una para poder levantarse cuando se le necesite. Los primeros se limitan a girar alrededor de sus heridas. Las dejan al aire para poder vendarlas poco a poco. Lo único que les preocupa son sus heridas. Pero el Mesías se quita sólo la venda de una herida. Y es que sabe que hay mucha gente herida que le está esperando. Él puede olvidarse de sus heridas para levantarse y ayudar a los demás. Puede tomar distancia de sus heridas y así puede convertirlas en fuente de salvación para los hombres que le llaman.

La tesis de san Juan Crisóstomo de que nadie puede herirnos si no nos herimos nosotros mismos, no pierde fuerza por esta historia del Talmud. Pues la tesis no dice que la vida no nos hiera. Dice más bien que las heridas no nos pueden dañar si nosotros mismos no nos herimos. De lo que realmente se trata es de cómo nos comportamos con nuestras heridas. Si nos hacemos falsas ideas sobre nuestras heridas, entonces sí que nos herimos a nosotros mismos.

Ideas que hieren son, por ejemplo: «Jamás debería sufrir ninguna herida», «Pero si ya hemos recibido heridas, tendremos que curarlas cuanto antes para no sentirlas», «Las heridas me impiden vivir», «Mientras esté herido, sólo podré ocuparme de mí».

Juan Crisóstomo no pretende minimizar el sufrimiento que trae la vida. Quiere más bien invitarnos a establecer una relación constructiva con él, a convertir nuestras heridas en fuente de salvación. Y nos comportaremos creativamente con ellas si nos reconciliamos con ellas, si contamos con que nos acompañarán a lo largo de nuestra vida. Si aceptamos nuestras heridas, nunca nos paralizarán. No nos quejaremos de estar heridos. Jamás permitiremos que la herida nos impida levantarnos cuando alguien nos llame, cuando alguien requiera nuestra ayuda. La herida nos hará más sensibles con quienes nos rodean.

Si, siguiendo los pasos del Mesías, somos esmerados y cautelosos con nuestras heridas, entonces nos permitirán incluso vendar y curar las heridas de nuestros hermanos los hombres. No nos lamentaremos mutuamente de que la vida sea tan dura. Más aún, cuando se nos necesite, nos levantaremos como hombres heridos. Nos alzaremos a favor de la vida y de los hombres. Nos convertiremos en médicos y pastores de lo que hay dentro del hombre, en médicos y pastores que están heridos. Dejaremos de herirnos y hallaremos en la fe un camino, nuestro camino para que nuestras heridas puedan producir fruto. Como dice Hildegard von Bingen, se convertirán en perlas preciosas. Las llevaremos con nosotros como un preciado tesoro que nos pone en contacto con nuestro verdadero ser, con nuestra naturaleza divina, como dice la segunda Carta de Pedro. Y el conocimiento de nuestra naturaleza divina y del espacio interior que subyace a nuestras heridas en el que nadie puede herirnos, nos liberará de los viejos modelos de la autolesión.

Si nos comportamos así de libres con nuestras heridas, entonces, como dice Crisóstomo, el sufrimiento nos hará más maduros y creíbles. No nos destruirá ni herirá. Nos pertenecerá como algo valioso que nos permite participar en los sufrimientos de Cristo, que hace que seamos uno con Jesucristo, en él nuestras heridas se convertirán en fuente de salvación.

En el amor de Cristo, nuestras heridas serán la puerta de entrada del amor salvador y liberador de Dios en este mundo.

BIBLIOGRAFÍA

B. Altaner, *Patrologie*, Freiburg [6]1960 (versión cast.: *Patrología*, Madrid 1962).

D. Bonhoeffer, *Resistencia y sumisión*, Salamanca [3]2001.

N. Brox, *La primera Carta de Pedro*, Salamanca 1994.

P. Bruckner, *Ich leide, also bin ich. Die Krankheit der Moderne*, Weinheim 1996.

J. Bugental, *Stufen therapeutischer Entwicklung*, en R. N. Walsh - F. Vaughan, *Psychologie in der Wende*, München 1985, 212-220.

A. Delp, *Gesammelte Schriften* IV, Frankfurt 1984.

J. Fadiman, *Der transpersonale Standpunkt*, en R. N. Walsh-F. Vaughan, *Psychologie in der Wende*, München 1985, 194-201.

W. Foerster, *Eusebes*, en ThWNT VII, 168-194.

A. Grün, *Wege zur Freiheit*, Münsterschwarzach 1996.

W. Grundmann, *Der zweite Brief des Petrus*, Berlin [3]1986.

Juan Crisóstomo, *«Quod qui seipsum non laedit, nemo laedere possit»*, en PG 52, 459-480.

K. Lorenz-Lindemann, *Versagtes Lebensrecht*, en P.-M. Pflüger (ed.), *Abschiedlich leben*, Olten 1991, 199-215.

U. Luck, S*ophron*, en ThWNT VII, 1094-1102.

Maestro Eckhart, *Das System seiner religiösen Lehre und Lebensweisheit. Textbuch von Otto Karrer*, München 1926.

H. Nouwen, *Geheilt durch seine Wunden*, Freiburg 1987.

L. Oberlinner, *Die Pastoralbriefe* XI/2, Freiburg 1994.

H. Schlier, *Eine Adhortatio aus Rom. Die Botschaft des ersten Petrusbriefes*, en *Das Ende der Zeit*, Freiburg 1971, 271-296.

J. Semprún, *La escritura o la vida*, Barcelona 1995.

M. Spanneut, *Epiktet*, en RAC, Stuttgart 1962, 599-681.

D. H. Stern, *Das jüdische Neue Testament*, Stuttgart 1994.

Teresa de Jesús, *Obras completas*, Salamanca 2015.

A. Vögtle, *Der zweite Petrusbrief*, Düsseldorf 1994.

P. Watzlawick, *Wie wirklich ist die Wirklichkeit? Wahn-Täuschung-Verstehen*, München 1976.

–*Anleitung zum Unglücklichsein,* München 1985.

K. Wilber, *Eros, Kosmos, Logos*, Frankfurt 1996.